＼誰も知らなかった＼

「ひとくち餃子」点天の

点と天®

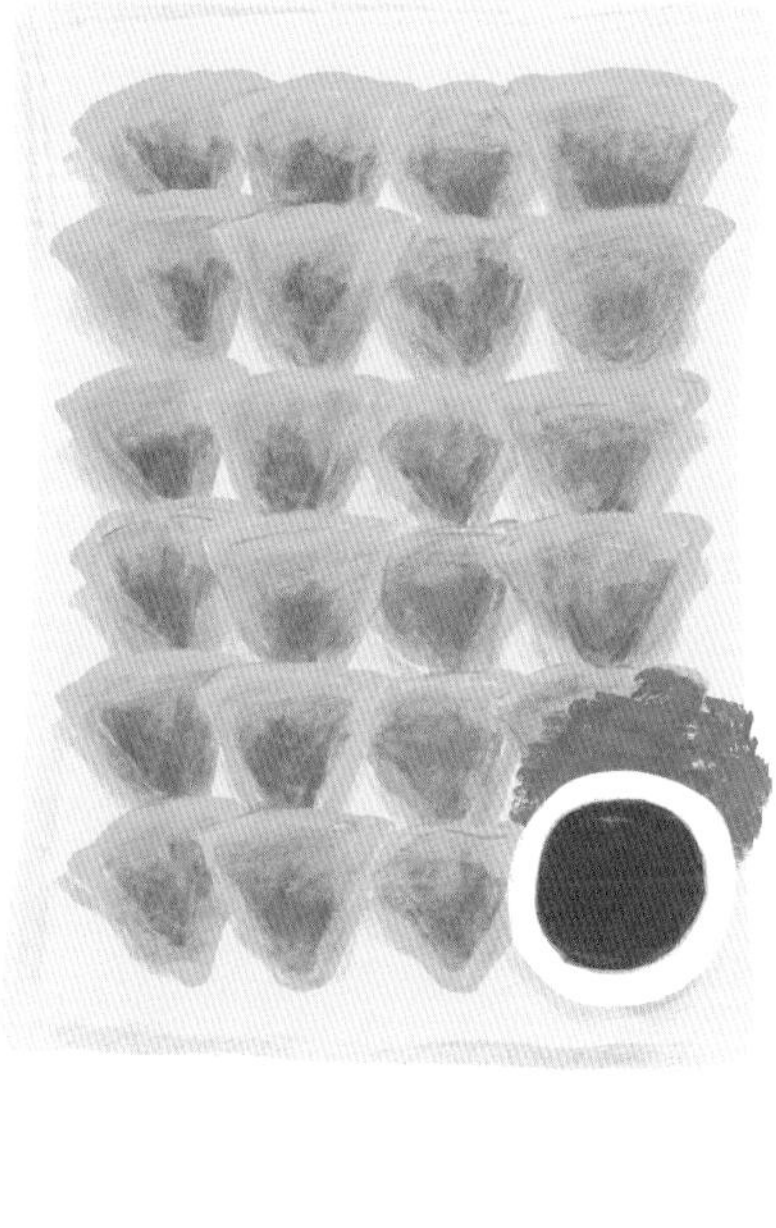

誰も知らなかった「ひとくち餃子」点天の点と天

第1章 点天ひとくち餃子 45年の道のり

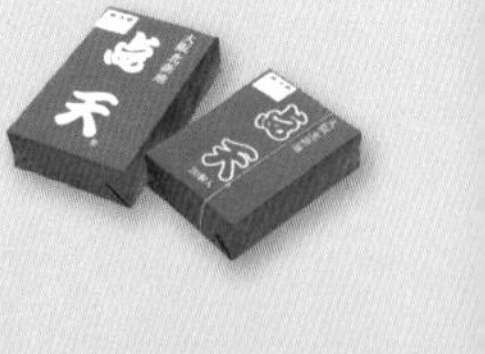

CONTENTS

おかげさまで
点天は
創業45周年を
迎えました。

45th
Anniversary
TENTEN

１９７７年、大阪の北新地でひとくち餃子の店として
点天はスタートしました。
以来、45年間にはさまざまな時代の変化がありましたが、
無事、この節目の年を迎えることができました。
全国のお客さまからの「おいしい」という励ましのお言葉、
また、ともに歩み、苦楽をともにしてきた
関係者の皆さまのお力添えのたまものであり、
スタッフ一同、心より、感謝申し上げます。
今後、「新しいことをポジティブにやっていこう」と
２０２５年の大阪万博をジャイアント・ステップの年と位置づけ、
日々頑張っていきますので、
皆さま、今後ともよろしくお願いいたします。

株式会社点天 代表取締役　今野啓介

創業45年なので点天の社長に質問！

45のなぜ、どうして？

みんなが知りたい点天のあれこれ、おいしい餃子の
アレンジやこだわりを聞いてみた！

しつもん 01 点天？ 天が前じゃないのはどうして？

点は「小さな、こぢんまりとした」、天は「天下、頂点、世界」という印象がありますよね。小さな「点」から大きな「天」を目指して成長する。そんな**末広がり**のイメージがあって、**縁起がいい**からです。

しつもん

02

餡の中の主役は何でしょう？

高知県の香美地区で栽培された日本一のニラです！

しつもん

03

食べるとピリッとした辛み、正体は？

唐辛子などの香辛料です。

しつもん

04 なんでひとくちなの？

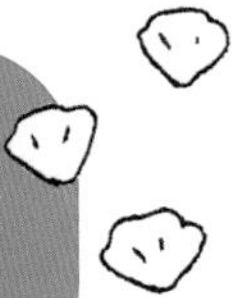

創業当時、北新地のホステスさんたちがたくさん来店してくれ、お化粧を崩すことなく食べられるようにと、ひとくちサイズにしました！

しつもん

05

皮のこだわりについて知りたい

上質な小麦粉と塩でていねいに作り上げた、シンプルではあるけどこだわりの詰まったおいしい皮です。

しつもん
06
お店の一番人気は何ですか？

なんだかんだいっても、
やっぱり昔ながらの
ひとくち餃子

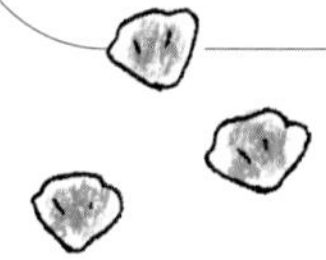

しつもん
07
季節の餃子があると聞きました。

春はしそ、夏は山椒、
秋はしょうが、冬は柚子の
餃子を作っています。
不定期、または限定の餃子には紅白、
だし風味、きのこ、セロリなどの
香味、大きなえび餃子があります。

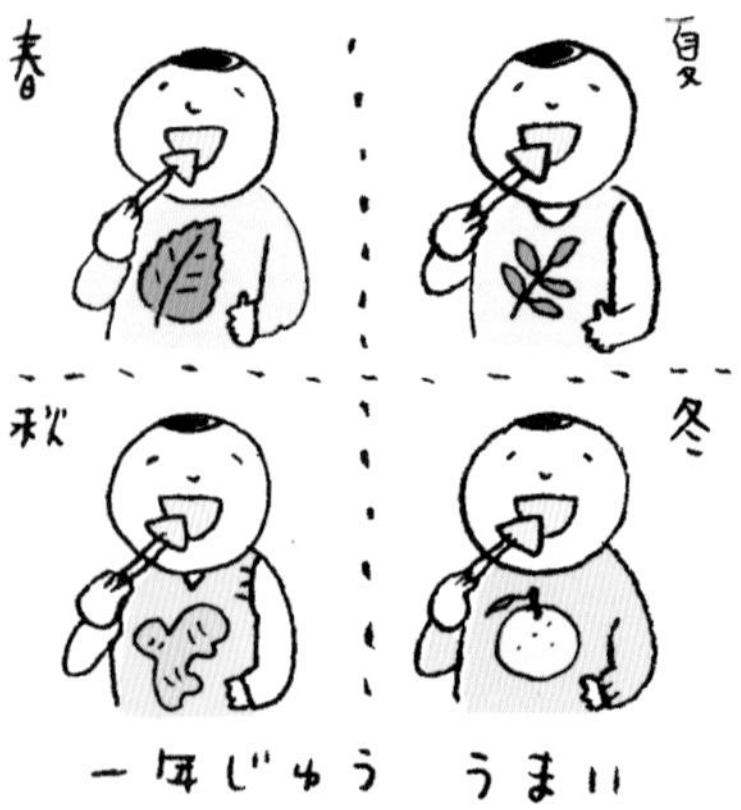

しつもん
08
餡の肉はやっぱり豚肉？

季節によって
産地は変わりますが、
国内産の豚肉
です！

しつもん
09
とにかく目立つあの青い包み紙、誕生秘話はあり？

創業者が海が
大好きだったから。

しつもん 10 キャベツ？ それとも白菜？

白菜！ しかも国産

しつもん 11 付いてくるタレはベストなタレ？

塩角《しおかど》の立たないうまい醤油と、酢角の立たないこれまたうまい酢を合わせました。

しつもん 12 羽をつけてもいい？

いいですね！
片栗粉を少し混ぜた
差し水をすれば簡単です。

しつもん
13 これがあったら最高！という付け合わせは？

焼き餃子には**きゅうりと白菜の漬物**、キンキンに冷えた**ビール**！

しつもん
14 水餃子のベストなタレは？

ポン酢

しつもん
15 冷凍してもいい？

１カ月程度なら
味の変化はほぼないけれど、
できれば賞味期限内に食べて
いただくのがいちばんです！

しつもん
16
企画会議で却下された餃子はあるの？

ありますよ。アヒージョ餃子、ねぎ餃子、カシューナッツ餃子、レバニラ餃子、トリュフ餃子、阿波尾鶏餃子、神戸ワインビーフ餃子などなど。

しつもん
17
丸く焼くべきですかね？

並べるときは**餃子同士を少し離した**ほうがくっつきにくいです。
丸くピザのような形で焼くとくっついて食べにくいので。

しつもん
18
揚げ餃子のベストなタレは？

マスタードマヨ

しつもん

19 どんなふうに揚げたらいい？

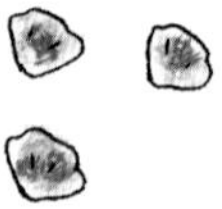

150°Cぐらいの油で揚げて、
うっすらきつね色に
なったら出来上がり。

しつもん

20 冬には餃子にあんかけはどうかな？

餃子の味が
しっかりしてるので、
あんかけにも
もってこいです

しつもん

21 点天の餃子&シャンパンが好き！

昔、北新地の店にいらっしゃって
いたマリ・クリスティーヌさんは、
いつも「赤ワインに合う！」と
おっしゃっていたなぁ。

しつもん

22 しそ餃子のしそにこだわりはある？

国産のしそを使った
独自のしそペーストを
餡に練り込んでいます。

しつもん

23

おうちキットについて教えて。

ご家庭でお子さんと一緒に
ひとくち餃子を作りましょう！
いろいろな形に包んだり、
トッピングを工夫したり
ご自由に！ができるキットです。

しつもん

24

餃子鍋にしたときにおすすめのタレは？

ゴマダレ

しつもん

25

そもそもピリ辛だけど、もっと刺激がほしいです

おいしい酢に柚子胡椒、
あるいは生の青唐辛子を
味噌と一緒に。
絶対うまいヤツ！

しつもん

26

おすすめは白い ごはん？ それとも チャーハン？

やっぱり炊き立て
熱々の白いごはんが
ナンバーワンです！

しつもん

27

朝に食べたい。どうアレンジしたらいい？

中華スープの素で
ワンタン代わり
の水餃子。うまい！

しつもん

28

ホットプレートで上手に焼くコツは？

まずはしっかりプレートを熱します。
190°Cぐらいがいいです。間隔を少しあけて並べたら
一つひとつの餃子に軽く水をかけて急いでふた
をする。水の量はあまり厳密に考えず、適量で大丈夫。

しつもん

29

最優秀助演飲料は？

満場一致でア●ヒのスー●ード●イ！

しつもん

30

和風の味付けが好きなおばあちゃんに喜んでもらいたい。

しょうがを少しきかせた豚汁に水餃子がおすすめ

しつもん

31

さすがは大阪！餃子入りのお好み焼きを作っている人がいた。

焼き餃子の仕上げにたっぷりのミックスチーズをかけて、もうひと蒸し！
その上からオタフクソース少々。
これでさらにうまい。

しつもん
32
炊き込みごはんアレンジにも驚いた。

生餃子を刻んで、
炊き込みごはんの素と
混ぜて炊くだけで
驚きのおいしさに！

しつもん
33
社長は週何回餃子を食べてるの？

毎日、社内の昼食で
「検食」ということにして、
おかずの一品にして
おいしくいただいています。

しつもん
34
アレンジタレの一番人気は？

ネギマヨ、
一味マヨ、
一味ポン酢

しつもん
35
スイーツ女子におすすめのアレンジはある？

意外だけど、溶かした
ビターチョコレートにディップ
するのがおすすめ。バレンタインデーに
贈ると驚きと感動が!?

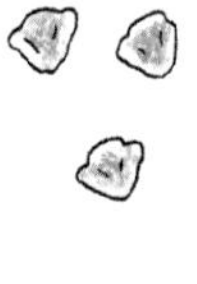

しつもん

36 製造工場のオキテは？

誰にでも明るい挨拶、
困ったらすぐに相談！

しつもん

37 冷めてもおいしい食べ方は？

水餃子にして
蕎麦つゆで味をつけ、
それを揚げたら終日、
サクサクしておいしいよ！

しつもん

38 食育を始めたきっかけは何ですか？

若い世代にも点天を知ってもらうため、
そして次世代の子どもたちに食べて
もらいたいと思ったからです。

しつもん
39
本場の中国の人たちの評判は？

形になじみがないからか、
餃子というと驚いていたけれど
「うまい！」と言って
喜んでくれる方が多い。
口に合うのでは？

しつもん
40
社長のおすすめの食べ方は？

まずは絶対
焼きたて焼き餃子！
その次は韓国チゲの
トッポギの代わりに
して食べる

しつもん
41
餡はどうやって包んでいるの？

すべて手作りにしたい
けれど、餡を包むのだけは
製造機を使っています。

しつもん
42
CMは関西圏でしか見られないですよね？

関西限定ではないんですよ。
18年前に放送したCMに実は
長男が出演しています。
知る人ぞ知るネタです。

しつもん
43 輝かしい売上記録は？

大丸札幌店で
1カ月1000万円
以上の売上、
静岡県の百貨店で
8日間500万円の
売上を記録しました。

しつもん
44 YouTubeを始めたきっかけは？

社内や経営者の雰囲気を
世間にもっと知ってもらい、
身近に感じてほしかったから。
カッコつけたり無理したり
しない自然体を見てもらい
たかったからです。

しつもん
45 もっとも再生回数が多いのは？

有名YouTuberの
大食いチャレンジ、
社長のしごかれ
トレーニングなどです

第1章

点天ひとくち餃子45年の道のり

大阪・北新地からスタートした小さなお店が、全国にその名を知られる存在になるまでには多くの試行錯誤がありました。その45年の軌跡を振り返ります。

45th Anniversary

点天の「点」から「天」へのヒストリー

45年前の大阪・北新地の雑居ビルに、ひとくち餃子の専門店「点天」がオープンした。それは、30歳になった今野啓一が持ったはじめての店だった。

文・松木直也

1977年4月、北新地で3坪の店からはじまった

大阪の街は、梅田を中心にした北新地、堂島、中之島、西天満あたりを「キタ」、心斎橋、道頓堀あたりを「ミナミ」と呼ぶが、ひとくち餃子の「点天」は、1977（昭和52）年4月、北新地でスタートした。

当時、北新地には、バー、クラブ、ラウンジ、スナックなどが約1600軒、食べ物屋が約200軒あり、その多くは1階から上の階まで各フロアに小さな店が並ぶ雑居ビルに入り、華やかな女性たちが社用族を迎え、ざわざ

わとした長い夜に、大人の男女が行き交っていた。

北新地は、大阪万博のあった1970（昭和45）年ころに活況を呈し、大変な賑わいを見せていたが、その後73年のオイルショックで景気は低迷。77年は、悲喜こもごも、なかには接待交際費を使える社用族が戻りはじめた店もあったが、先行きは不透明だった。

雑居ビルに入った「点天」の電飾看板は、青地に白抜きで点天とだけあり、路地の向かい側に、ビフテキやしゃぶしゃぶの老舗「京松《きょうまつ》グリル」があったせいか、人の流れは多かった。

エレベーターはなく、階段を上って4階、「ぎょうざ専門店」と小さく書かれた青いのれんをくぐって引き戸を開ければ、ベージュの天板と木枠のカウンターに低い背もたれのついた木製の椅子が7脚、わずか3坪の小さな店だった。

30歳になったばかりの創業者、現・会長の今野啓一氏（以下、啓一と表記。敬称略）とアルバイトの男性が狭い厨房に入って切り盛りし、啓一の妻も手伝っていた。

メニューは、ひとくち焼き餃子ときゅうりの漬物、白菜の浅漬け、飲み物はビール、焼酎、日本酒といたってシンプル。

70年代後半の大阪餃子事情

当時の大阪で焼き餃子で人気だった店は、「珉珉《みんみん》」（千日前）、「王将」（京橋）があり、ひとくち餃子では「天平《てんぺい》」（北新地、55年創業でひとくち餃子の発祥店といわれる)、「兄《にい》ちゃん」(北新地)、「吉風《きっぷう》」(心斎橋、現在は「ぎょうざ処だいきち」)などがあった。

80年代のグルメブーム前とはいえ、不思議なことにこの時代の食の随筆家たちの本の多くは、これらの店を紹介していない。

当時、全国を食べ歩いた随筆家たちは、大阪であれば「松葉家」(現在は「うさみ亭マツバヤ」)のきつねうどん、おでんの「たこ梅」、カレーの「自由軒」を取り上げていた。

一般的にも、くいだおれの街・大阪へ出かけたなら、お好み焼き、たこ焼き、串カツなどお目当てのものがあり、あえて餃子を食べようとする観光客は少なく、ひとくち餃子が話題に上ることはほぼなかった。

大阪名物になるまでには、まだまだ長い道のりがあったわけだ。

77年といえば、ピンクレディーが『S・O・S』などで人気となり、カラオケブームがはじまり、映画『ロッキー』やイーグルスの『ホテル・カリフォルニア』がヒット。子どもたちには、ビックリマンチョコやチュッパチャプスが流行っていた。

また、大学卒の初任給が平均10万１０００円と、10万円を超えた。物価は、かけそば２３０円、ラーメン２６０円、喫茶店のコーヒーが２８０円の時代である。点天のひとくち餃子は、１個30円、１人前20個で６００円。決して安くはなかった。

売り上げの8割が出前配達

夜の帷《とばり》がおりるころに店を開けると、まずはご贔屓《ひいき》さんの男性客たちが食べに来る。そして22時ごろから電話が鳴りはじめ、バー、クラブ、ラウンジへの出前で店はフル回転になっていく。啓一が、当時を振り返る。

「僕はそれまで大阪中央市場や北新地の高級クラブで仕事をしていましたから、店をはじめてすぐに新地の仲間や知り合いのホステスさんがよく食べに来てくれて、彼女たちにはご飯と味噌汁を出していました。

22時から午前2時くらいまで、特に終電がなくなったころがいちばん忙しく、売り上げの8割が、クラブ、ラウンジ、料理屋さんへの配達でした。

僕は市場で働いたことがあるので、材料の仕入れのことはよくわかっていました。餃子は自分が好きやから、いろいろと他で食べてみましたが、店によってそれぞれのこだわりが多少違うんです。餡《あん》をつくるときの野菜の混ぜ方、皮の包み方によっても食感が変わります。これは、調理人の口に合わせてつくっていきます。ノウハウはありますが、ひらめきとあとは自分の感覚です。これは、自分が好きでないとわからんのとちゃうかな」

あれこれと工夫も凝らした。

「クラブで仕事をしていたとき、ホステスさんたちがお土産で和菓子とか塩昆布をお客さんに渡すのを見ていましたし、僕もよう買いに行かされましてね。大事なお客さんには、喜んでもらいたくてへたなものは渡せません。

それは家にいる奥さんや家族のため

上・昔も今もにぎわう夜の北新地。その雑居ビルにあった点天の店。狭いカウンターには常連たちが。また、出前の電話が鳴り続いた。青に白抜きの、のれんが新鮮だ

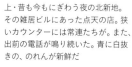

のもので、そのなかに餃子もあったんです。でも当時は、竹の皮の経木《きょうぎ》に餃子を包んで、それを包装紙で丸めてお客さんに渡していたところがほとんどでした。

あるとき仲間が、そんな餃子をもらったお客さんがバッグのなかに入れたのを忘れて、ぐちゃぐちゃになっていたというエピソードを教えてくれたこともあって、僕は店をやるときは、高かったけどお寿司屋で使う木の折箱に入れようと決めていました。

なかに生の餃子とタレと焼き方のレシピを入れて。僕は海が好きだったので、手提げ袋の色は青にしました。

しかし、一般的には青色は寒色系で、食品や飲食では嫌色とされていたため、避けたほうがいいのではという声もありましたが、やっぱり自分のこだわりとして譲れませんでした。

これは仲間たちも『いい』と言ってくれて、特に街なかでは青い包装紙や手提げ袋はすごく目立ちました。

やはり、自分の都合のいいように考えるより、みんなの好みとか需要と供給が合うことが大切で、お客さんやメディアの方からいろんなことを教えてもらいました。大家さんもいい方で、やはり商売は、人との出会い、きっかけやと思います」

長男の啓介、小学校の低学年の思い出

現・社長の今野啓介（以下、啓介と表記。敬称略）は、1973（昭和48）年10月に生まれた。

はじめて店の手伝いをしたのは、保育園の年長のとき。父親が出前で店をあけているときにお客さんが来たら「今、パパは出前に行ってるから、ちょっと待っていてください」と言って、店番をしていたことを覚えていた。

また、アルバイトの男子の面接を喫茶店でしていたときに、父の横に座り、「チョコレートパフェを食べながら、親父が餃子の巻き方を教えているのを見て、なんでいま、ここでやるんやろう」と思ったという。

この思い出は、点天が開業してから間もないころだ。

啓一にとってこのころは、アルバイトとの面接の場であっても、やる気があると判断したら、さっそくその場で餃子の皮の巻き方を教えた。のんびりとはしていられなかったのである。

開業以来、日々の売り上げは順調に伸びていた。店での飲食が５万～６万円。配達で20万～30万円。１個30円の餃子を１０００個売って３万円だから、例えば30万円を売るならば毎日１万個の餃子が必要になる。

啓一が面接の場でさっそくアルバイトに餃子の皮の巻き方を教えたのは、当時、まだ高級クラブでの仕事もやっていて、点天の経営と二足の草鞋《わらじ》だったからだ。従業員は妻とアルバイトが一人。どう時間を工面してもクラブで働きながら仕込みをする時間には限りがあった。とにかく時間が足りなかった。

お客さんの胃袋をつかんだ

北新地のクラブやラウンジは、顧客の記憶に残りたい一心で必死に手土産を吟味する。ひとくち餃子の店は北新地に4軒あり、そういう厳しい目にさらされながら競い合っていた。

そのなかで、点天の名前は少しずつ広がり、啓一は、自分のつくったひとくち餃子はつくるほどに売れていく、という手応えをつかんでいく。お客さんの胃袋をつかんだ。

北新地のクラブ、ラウンジには若いときからの知り合いも多く、負けず嫌いという啓一の性分を知る仲間たちが後押ししてくれたが、とにかく日々が闘いだった。

啓一は、店を終えてから食事をし、明け方に市場で材料を仕入れ、そのあとに家で餃子の餡をつくり、妻とアルバイトの3人で餡を皮で包む。1時間で誰が多くつくれるか競争し、作業を終えると1万個の餃子の仕込みに4～5時間はかかった。

これを終えると、やっと2～3時間の睡眠がとれた。それから店に行き、仕事の段取りを整えた。

その後は、妻が開店の準備をし、アルバイトが来る。啓一はクラブのマネージャーの仕事に行き、少しでも空き時間があれば店に戻って餃子を焼き、クラブの仕事を終えると、また店に戻った。

点天がのれんを下ろすのは、いつも明け方。定休日以外はこれを繰り返していた。

ここが点天の点、点天の天へのはじまりだった。

時代は昭和から平成へ。点天の躍進がはじまった

1987年創業10年目
時代が味方になった

東の東京・銀座、西の大阪・北新地といわれているように、ともに高級クラブが並ぶ夜の街で、当時の北新地の飲食店は、なんでも自分たちでやり、手間をかけ、飾らず、ただただ味で勝負しているところが多かった。その街で「点天」は、創業10年目を迎えようとしていた。

啓一は、店に来る客が普通の大きさの餃子と違う、ひとくち餃子を食べる様子を見ながら、味は落ちていないか、他の店に負けていないかと常に思い、配達用の折箱には髪の毛が入っていないかなど細心の注意を払った。

いつだったか、一人で来ていた女性客が店でビールを飲みながら130個をたいらげたときには、思わず笑みがこぼれた。

また、何度か来てくれている地方在住のお客さんから「こちらまで、なんとか送れんもんか?」と電話があった。まだヤマト運輸のクール宅急便(1988年~)がはじまる前のことで、啓一はキャンプ用の保冷剤を買いに行き、発泡スチロールの箱に生のひとくち餃子を入れて可能な限り冷えた状態で送った。

保冷剤は餃子より倍近い価格だったが、お客さんは喜んでくれた。あとから考えてみれば、これが現在あるクール便の先駆けだった。

1986（昭和61）年に25歳でアルバイトに入り、88年に正社員に採用され、現在、常務取締役の秋山敏章氏（以下、秋山と表記。敬称略）が、開業から10年たとうとする当時の点天をこう語る。

「僕が入ったときには、店は18時のオープンでしたが、すでに餃子を食べに来てくれたお客さんが店のある4階までの階段に所狭しと並んでいました。

出前用のアルバイトが4人いて、出前の電話は鳴りっぱなしです。クラブやラウンジなどのお土産用の生餃子は、りんご箱に詰めて納品。

大きなクラブから1箱50個入りの焼き餃子を5箱とか6箱という注文もあり、これは別のバットに入れて。戻るとすぐ他のクラブへ出前。

こんなことが朝の5時まで続いたのは、当時、北新地はその時間までバーやクラブが開いていましたから。年末は特にふだんの倍以上の注文があり、本当に忙しかったです。

それから、仕込みで千鳥橋の工場に朝、出勤すると、ファックスで注文してきたお客さんからの注文書が何件も床に散らかっていました。ちょうどこのころからヤマトのクール宅急便がはじまっていたからです。

僕らが寝ているあいだに餃子が売れているのはすごいことだと、社長（現・会長）も驚いていました」

ぎようさ専門店
天

ヤマトのクール宅急便は、「点天」が創業10年目を迎えた翌年の1988（昭和63）年7月に全国展開をしている。また同時期に、ファックスも普及しはじめ、「点天」には時代も味方となって、宅配業務という、予想もしなかった販路拡大の波が一気に押し寄せてきた。

最初は試行錯誤
餃子製造機で量産態勢

1987（昭和62）年、啓一は、大阪市此花《このはな》区千鳥橋に工場と事務所を設け、宅配便による地方発送の活発化に備えて、手づくりから機械（餃子製造機）での量産を実現させようとしていた。

機を見るに敏、社長の啓一が餃子製造機に挑む姿を秋山は見ていた。

「製造機メーカーの担当者さんが毎日のように事務所にいらして、材料のニラ、白菜、挽き肉で手づくりのときと同じように餡をつくるために、機械で攪拌するスクリューはどのような形がいいのか、1ミリまでこだわっておられました。

それからスピードですね、機械と相談しながら、味の変化に注意しながら、これは簡単ではなかったはずです。

当時の千鳥橋の工場はマンションの1階でしたから建物には住宅もあり、住民から餃子のニラが臭いというクレームがありました。これはニラを潰すと汁が出て、においはどうすることもできないんです。

ニラは餃子の味を決める大事な原料

で、ニラの酵素が豚肉のタンパク質の成分に移ってにおいを助長してしまうんです。特にニラにこだわっていた社長は、かなりのストレスだったと思います」

啓一は、環境の違う場所で、もっと大きな工場をつくり、早くに解決したかったが、自己資金だけでは叶わなかった。

そんな折、京阪電車のターミナルとして賑わっていた天満橋の松坂屋大阪店から出店の依頼があり、商品自体は勢いづいていた。点天は、1990（平成2）年に資本金300万円で法人化に至る。

1991年 酉島に工場と事務所を移転

1991（平成3）年、神風が吹いた。

なんと、保証人なしの無担保で銀行が融資してくれるというのだ。点天は、同じ此花区の酉島《とりしま》にこれまでより広い、4階建ての工場と事務所を自社ビルとして建て、移転する。

新工場に移転し、餃子製造機も入り、製造キャパシティが大幅にアップした。隣の桜島には2001（平成13）年に、テーマパーク「ユニバーサル・スタジオ・ジャパン（USJ）」が開業している。

ところで、昭和の終わりは1989年。点天が酉島に移転した1991（平成3）年になると、日本はバブル経済の崩壊で株価が暴落し、景気が後退していく。

そんな時代に、点天が新天地を確保することができたのは、お客さんとして何度も店に来ていた銀行の課長が、妻と二人三脚で働く啓一の姿を見て、尽力してくれたからだった。

「そのころは、開発に3年半かけた餃子製造の1号機も完成していましたが、自分の思うような工場の坪数に機械を入れたら大変な金額になり、銀行融資は無理だと思っていました。

うちらの将来性を感じてその方は骨を折ってくれたのでしょうが、彼はいつも夕方の6時ぐらいに来て、僕が『いまのところはニラが臭い臭いって言われるし、毎朝おばさんが立っているんです』って愚痴をこぼしていたら、突然、融資のオッケーが出たと言われて。これは本当にありがたい話で、奇跡が起きたと思いました。

このとき僕が感じたのは、やっぱり日々の行動やら商品を人は見ているということです。

ビルは一から建てました。工場はニラのにおいが外に漏れないようにクリーンルーム仕様にして、機械は2台、3台とでき、担当者2人で1分間に90個つくれるようになり、手づくりの3倍以上のスピードになりました」と啓一は語る。

餃子製造機は改良を重ね、餡を包む皮も丸の型で抜いてつくれるようになり、この機械化で工場は量産体制が整い、1991年11月、全国ネットで宅配業務が開始された。

稼働しはじめた餃子製造機を見て啓一は「蝶《ちょう》の舞《ま》い」と呼んだ。それは念願の機械化となり、製造工程の中で動くひとくち餃子が、蝶が舞い飛ぶ姿と重なったからだ。

このころは一般家庭に電子レンジが普及し、家庭用冷凍食品市場が成長している。大手食品メーカーの冷凍餃子も売り上げを伸ばし、93年には「王将」が冷凍餃子の販売を開始した。いまやモランボンの女子社員が餃子女子部を発足。餃子の本もたくさん出ているが、国民食として一歩前に進んでいた。

当時、大手食品メーカーの社員たちが点天に来ることも少なくなく、啓一が餃子を焼いているところを熱心に見ていたが、焼き方はともかく材料のつくり方は金庫に保管してあったという。文字どおり、これぱかりは門外不出だ。

「蝶の舞い」フル回転 92年から99年まで

1992（平成4）年の3月、全寮制の四天王寺羽曳丘高校を卒業した二代目となる啓介は、6月にアメリカ・ペンシルバニア州にいる母親の知り合いの家へホームステイし、英語を学びはじめた。

高校のクラブでは日本拳法部に所属していたが、英語が得意で、全国暗唱弁論大会の決勝に出場したこともあった。それを観に来ていた両親が、アメリカ行きを勧めたのである。

のちにサンフランシスコとシアトルのスクールに通い、その後ヨーロッパを放浪し、99（平成11）年10月に帰国している。

啓介が海外にいた92年から99年までのあいだに、点天は93年5月、大阪高島屋で開催された日本の味コーナーでの委託販売(商品を納め販売は髙島屋)を行い、7月には、阪神百貨店梅田本店に出店している。

95年は、5月に毎日放送・朝日放送でラジオ番組の提供を開始。7月、大阪商工会議所の会員になる。9月、JR西日本デイリーサービスネットで委託販売を開始。

96年は、6月に大阪の工場を増改築。8月、東京・伊勢丹新宿店に出店。

97年12月、資本金を3000万円に増資。

98年7月、品質の安定を強化するために餡を製造する「ぎょうざ工房点天」を設立。大阪娘の七転び八起き人生を描いたNHKの連続テレビ小説「やんちゃくれ」(主演・小西美帆)の制作に協力したのもこの年。

99年6月、本社工場を増改築。8月、東京営業所・品川配送センターを開設。10月には、愛知・松坂屋名古屋店に出店。そして、東京・麻布十番に飲食店をオープンしている。これは東京のバーニングプロダクション、周防郁雄氏の協力があって実現した(2014年4月閉店)。

当時、派遣会社から経理事務員として仕事に携わっていた江川直子氏(以下、江川と表記。敬称略)は、そのころの会社の雰囲気を「ふだんは有線放送が流れ、のんびりとしていました」と言う。

しかし、しだいに様子が違っていく。

「ヤマト運輸さんから何人かが発送の手伝いに来て、私は週に一度の仕分け伝票作成が主な業務でしたが、そのうちに私も発送補助として週に2回の出勤になりました。阪神百貨店、次が新大阪ステーション。その次が天王寺のキヨスクと、関西圏への進出がめまぐるしい時期でした。

出勤するたびに、次はどこで出店する、あそこで出店要請があると会話が飛び交っていました、会社ってこんなに急激に大きくなるのかって戸惑うこともありました。

96年に初めて東京の伊勢丹新宿店に出店したときは、いよいよ全国制覇への夢が開けたと感じてうれしかったです。特によく売れました。

このころは、売り上げだけの数字を見ると、神様がついているのではと思ったほどです。常に商品を間に合わせるために、つくってもつくってもまだ足りないという状態をみんなで乗り越えていました。うちのひとくち餃子を全国のたくさんの方々が食べてくださると思うと、本当に楽しかったです」

餃子以外のことを考えるひまがない

すでに社員として製造工場や店舗の現場で仕事をしていた秋山の談。

「北新地の店の手伝いにも行きましたし、出店した店頭にはGパンをはいて割烹着姿で立っていました。百貨店はGパン禁止でしたが、現場では売るのが精いっぱいですから、本当に着替える時間がもったいなかったんです。

たぶん、このころは百貨店だけですでに売り上げは億をいっていたと思います。上場の話もありましたが、社長は全部断っていました。なぜかというと、つくることに追われていましたから、餃子以外のことを考えるひまがないんです。そして、上場すれば自分の思うままの経営ができなくなると考えていたからです。

うちはそのころ、営業して出店を確保したわけでなく、全部向こうから話しに来てくれたんです。

芸能関係の方もよく店に来られ、その方々がテレビで紹介してくださったことで、点天の名前が広がりました。社風はアットホームで、忙しかったけど社長が音頭をとって、気晴らしに社員やアルバイトとスキーへ行ったり、水上バイクをやったり、おいしいものを食べに旅行に行ったりしました」

このころのエピソードで、啓一の人柄がわかる話を江川が教えてくれた。

それは、バブル経済の崩壊後のことで、保証人なしの無担保で融資してくれた銀行が、大型企業の倒産などの波にのまれていたときだった。

「かねがね一部の銀行が倒産するのではという噂があって、社長に、その銀行の持ち株を手放しましょうと提案したところ『そんな崖っぷちに立っているような人間を、後ろから押すようなことは絶対にやらん！』と、お叱りを受けました。

この銀行は、その後破綻し、合併を繰り返し、他銀行となってからも取引は続きました」

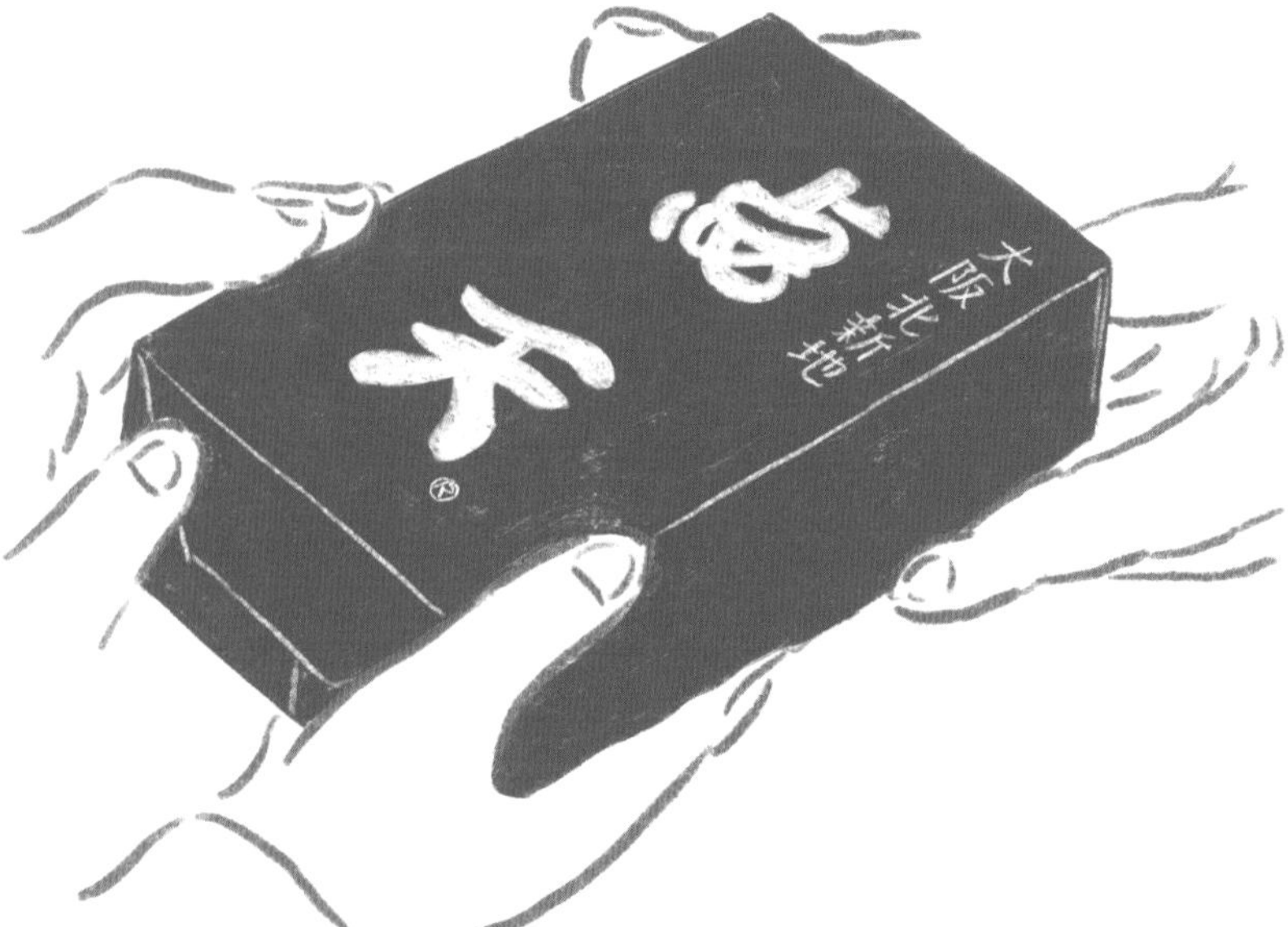
大阪北新地

２０００年代の出店ラッシュ
30周年に30億円の売り上げを達成

たいせつな人へ贈りたくなる餃子
自信をもって贈れる餃子

２０００年代に入ると、01年、国内でＢＳＥ（牛海綿状脳症）の牛が発見され、全頭検査前の国産牛肉買い取り事業を悪用した、大手食品メーカーによる牛肉偽装事件が相次いだ。

追い討ちをかけるように、02年、中国産の冷凍ほうれん草から基準値を超える残留農薬が検出され輸入停止となり、04年、国内で鳥インフルエンザの感染拡大があり、風評被害という問題をもたらした。

07年には、老舗料亭や菓子メーカーまでが食品偽装に手を染めていたことがわかり、これらの事故や事件の多発で、企業のコンプライアンスが問われたばかりではなく、日本の食の安全が根底から揺らいだ。

点天が、組織の品質活動や環境活動を管理するための国際規格であるＩＳＯ９００２の認証を取得したのは２００１（平成13）年のことだ。これは大手食品会社よりも一歩先んじた。

また、１９９０年代の後半には、主材料のニラを、高知県「ＪＡ高知県（香美《かみ》地区）」の契約農家から仕入れるようになった。

「割り箸みたいにピンと立っているニ

ラ」を求めて上層部が全国の農家を視察してまわったところ、香美地区の農家は、間違いなかった。ニラは雨に弱くデリケートなのだが、香美地区では農家が収穫時から出荷直前まで5回のチェックをしている。それも、朝いちばんにとれたものを送ってくる。

ひとくち餃子は、創業当時から、当日製造・当日発送（つくったその日に商品を発送する）、冷凍ではなく生のまま冷蔵便で出荷しているのだが、消費期限は製造日から4日間しかない。

もし届いた先のお客さんが不在で受け取ることができなかったら、ヤマト運輸との取り決めで、商品を配送センターに戻して、新しいものを明後日に配達することになっている。

これは配送業者に渡し、それっきりということではなく、「たいせつな人へ贈りたくなる餃子」「自信をもって贈れる餃子」を追求する社風によるものだ。

２００２（平成14）年11月、点天は、現在の此花区テクノパーク島屋に本社新社屋をつくり、すぐに大丸札幌店への出店の準備にとりかかっていた。

このころの出店先は、名だたる百貨店、十指に余る。出店ばかりではなく催事でも全国から呼ばれた。仙台の藤崎百貨店では1日で１００万円売ったこともあった。こういった上昇気流のなか、人材育成が急ピッチとなったのは言うまでもない。

百貨店に出店するとなると、新たに最低でも2人必要だった。入社した社員は最初に工場で餃子の箱詰め、ふた閉め、タレを手作業で容器に詰めるなど生産ラインから製造販売までを学び、秋山や創業当時からいるベテランのメンバーたちが横に付きっきりでいろいろと教えた。

点天の企業理念十六箇条

出店ラッシュが始まると、大学卒は半年で副店長、1〜2年で店長そして責任者という流れができ、Gパンを禁止とし百貨店に入るスタッフはスーツにネクタイ、事務方やパート従業員のユニフォームを一新した。

このころになると、社員教育のためのコンサルタントが入り、社内に目を向け、会社の方向性を明確にするために、スタッフ有志が集まり、創業から26年たった会社であらためて企業理念をまとめることになった。

屋台骨を支える秋山が話す。

「それまで僕らも現場で餃子をつくるのが精いっぱいでしたが、新入社員がぞくぞくと入ってくると、会社の向いている方向とか考え方をみんなにわかってもらわなければなりません。

そこで、会社の方針をしっかりつくろうということになったんです。ベテランが10人ぐらい集まって、1年にわたって会議しました。

それまで『お客様の目線になれ』とか、『業者さんとは仲良くやって信頼関係をつくっていきなさい』、『一生懸命やったら会社は成功する』など、社長（現・会長）が日ごろ、我々によく話してくれていたことを、それぞれが思い出して、煮詰めて、十六箇条にまとめました」

　啓介は長くなっていた海外生活のなかで、日々、自身の将来を探しあぐねていたが、ある日、こんな場所が夢に現れた。

　潮風と太陽の光がそそぐ海辺に、野菜や魚などが並ぶマーケット。併設のおしゃれなカフェやレストラン。中央には大きな噴水が。誰しもがゆったりとした時間を共有できる場所だった。

　この風景を日本で再現したいと、強い衝動《しょうどう》にかられ、急いで父に電話した。

「やっとやりたいことが見つかった。会社で雇ってもらえんやろか?」

　7年もの時間はかかったが、本気で叶えたい夢を見つけ、点天との人生がはじまった。

そんなときに完成した十六箇条を読んだ(十六箇条は52〜57ページに掲載)。

「親父がみんなに言ってきたことを秋山さんたちがまとめ、正しいことを正しくしなさい、楽しいときは楽しみなさいと、ありがとうという感謝の気持ちを忘れるなとか、時代錯誤や言われそうですけど、当たり前のことが素直に書かれていました。原点に戻るという意味も含めて、我々には大切なものです。銀行さんと税理士さんにお見せしたら、欲しいですって言われてコピーしたこともあります」

　2007(平成19)年、点天は創業30周年を記念して目標とした売り上げ30億円を達成した。1アイテムだけで30億円を売り上げ、名実ともに日本一の餃子屋となった。

北新地の小さな店で、啓一の情熱によってつくられたひとくち餃子、はじまりは誰も知らない小さな「点」だった。それから山あり谷ありのなかで、日々一途につくり続け、ついに「天」まで駆け上ったのだ。

親父のこだわりをあらためて知る

あるとき工場で、稼働している餃子製造機を啓介が一人で見ていた。

「親父は昔からニラひとつ切るにしても、手先が器用なので包丁の刃の研ぎ方もニラの切り方もすごく、こういうところから会社がはじまって、考えついた機械は、具材を攪拌するプロペラ式で、角度、方向、正回転、生成回転、逆転とかいろいろな向きがあります。混ぜる回転のスピードは、手づくりと同じようにするために、具材を底からすくい上げる、練る、ひっくり返す、混ぜるなどの、一つひとつが徹底的なこだわりです。親父は、この機械と一緒に自分が正しいと思ったことを真っすぐにやり続けて、その頑固者にみんなが付いてきてくれました。

それから、07年に売り上げ30億円を達成したことは、みんな喜びましたが、親父は次の点天を見ていました。

いまは会社をこれ以上大きくするより、あらためて足もとを見直し、ダウンサイジングしながら次の成長に向けた社内整理の道を選びました」

※2019（令和元）年10月に社長に就任した啓介氏がどのような考えで点天を引き継いでいくのかは、82ページからのインタビューに掲載。

たかが餃子、されど餃子。熱い気持ちは引き継いでいきます。

これからも、親父のこだわりとみんなとの強い信頼関係を大事にします

今野啓介

株式会社点天
代表取締役

こんの・けいすけ ●1973年10月生まれ。2019年4月に社長に就任。就任後スパイスレストラン「TAU」、冷凍餃子の開発、また、販路を積極的に拡大。ウェブサイトYouTubeにも出演。趣味は絵画、オートバイ。

人が見てないとこでも
ちゃんとせなあかん。
自分で決めたルールを崩したら
誰も正してくれへんよ

今野啓一

株式会社点天
創業者・会長

こんの・けいいち ●1948年10月生まれ。1977年4月、大阪・北新地にひとくち餃子の店「点天」を創業。創業10年で餃子製造機を自ら考案し、30周年時に年間売り上げ30億円を達成。趣味はオートバイ、ゴルフ。

点天の企業理念の礎〈会長語録〉

点天の十六箇条

一

物事はトータルで考えぇよ。
「ここだけ」を見てたら間違うぞ。
常に「なぜ」という問題意識を持たなアカン。

周りが「ええ」って言っても、お前らは細かい所まで気にしていかなアカンぞ。
おかしいと思ったらすぐに考え、行動せぇよ。
せぇへんやつは成長せぇへんぞ。

二

もっと周りを見ろよ。
そして、目配り、気配り、心配りをしていかなアカン。

三

物事を判断するときは、
常に会社にとってプラスになるかどうか考えて行動せえよ。
会社を背にして物事を考えなアカン。立場、責任を考え、周りの人間には常に謙虚であれよ。

四

個人で良くなるんじゃなく、みんなで良くなるように
情報交換はどんどんしていけよ。

五

お客様の立場にたって物事を考えろ。

何が言いたいのか、何を望んでいるのかを考えて、誠心誠意対応せなアカン。
特にクレームで言い訳なんか絶対にしたらアカン。
間違いは素直に認めて、正直に話せなアカンぞ。

六

チャンスはなんぼでもあるんや。それを生かすも殺すもお前らしだいや。

お前らが成長していかなアカンのや。言われてからするな。自分から動け。お前らが前に出てこなアカン。会社が給料を出してるんとちゃうぞ、自分で勝ち取れよ。そのためにはなんぼでもフォローしたる。

七

お前らが会社の意志を理解して、どれだけ自分の言葉で伝えられるかや。

人に物事を伝えて、理解させるのはホンマに難しいんや。せやから、常に言葉の武装をしとかなアカン。「1+1=2」みたいに、理屈だけスラスラって言ったって、相手には通じひんよ。本気で相手のことを思って心を込めな。

「1+1=2」ちゃうで。3にも4にもなるんやで。

八

目標を持って行動せえ。

どうしたら実現できるか、実現させるには何をせなあかんか、頭だけで考えとったらアカン。紙に書き出して、優先順位をつけてやれよ。10年後、5年後、3年後、1年後、半年後、1カ月後と、落とし込んでやっていかな絶対できひんぞ。

九

自分の成長の為には、お金、時間は惜しんだらアカン。

時間は有効に使えよ。過ぎた時間は返ってこんぞ。現状に満足したらそこで終わってまうぞ。今よりいいやり方は無いか考えて仕事しろ。

十

失敗は仕方がない。その後の対応がまずいから怒るんや。

かといって、同じ事を何回もやったら、ただのアホや。次に同じミスをせえへんために何ができるか、よぉ考えぇよ。

十一

餃子の付加価値をまだまだ上げていかなアカン。そのこだわりをお客様に伝えるのも、お前らの役目なんや。

「たかが餃子、されど餃子」や。自信を持って販売せえよ。

十二

知ってるふりをするな。わからんかったら聞け。相談せえ、勉強せえ。

お前らまだまだ若いんや。もっと頭を使え。わからんであたりまえや、

十三

隣近所、業者に嫌われたらアカン。無理させたらアカン。出来ることはしていくんやで。

そうしとかんかったら、ここぞというときに協力してもらわれへんぞ。

十四

お前らの力で会社を大きく、内容の濃いものにしたいんや。

お前らが点天で仕事をしていること、社員であることを誇れるような会社にしたいんや。今、会社はものすごいスピードで変わろうとしとるんや。お前らも走ってついて来いよ。

十五

お前らが手本となって見せていかな、アルバイト、後輩は付いて来ぉへんぞ。

やらせたら確認せえよ。やらせっぱなしはアカンぞ。しまいにやらへんようになるぞ。

十六

仕事は楽しんでせないかん。

仕事をするときは、次に何をするか、その次には何をするか、先のことまで考えながらせぇ。

COLUMN 1 CINEMA

ホカホカの「きのこ餃子」に愛がこもる

餃子が食べたくなる純愛映画はいかが

稲田 隆紀
映画解説者、編集者。人生の黄昏を感じつつ、日夜、懸命に仕事を求め、闘い続ける昭和の男。

太平洋戦争の敗戦によって、中国に住んでいた多くの日本人が日本に戻った。昭和の時代には「引揚者」と呼ばれた彼らが、日本に餃子文化を広めた立役者だった。中国で習い覚えた家庭料理として、「引揚者」の一員である私の両親も、事あるごとに餃子を作った。

餃子の皮など市販されていない時代のことだ。半日がかりで皮をつくり、白菜、ネギ、にんにく、しょうがを刻んで餡が完成。皆で和気藹々と餃子を包んで、茹でて食べる。この子ども時代の体験から、私には「餃子は庶民の料理」という認識が刷り込まれていった。

今では海老入りの小洒落た餃子をはじめ、種類も多様に広がったが、やはり白菜と豚肉がメインの素朴な味わいの定番が懐かしい。

ただ餃子がクローズアップされた映画は意外に数が少ない。その中で強烈な印象を残したのが、純愛物語『初恋のきた道』である。

北京オリンピックの演出を務めた匠チャン・イーモウが、2000年に発表したアメリカと中国の合作。未だ貧しい時代の中国の僻地を舞台に、切なくも一途な愛の物語が綴

点天

映画

RECOMMENDED CINEMA

「初恋のきた道」

急死した父と残された母、故郷に戻った男は若い頃の両親の切ない恋に思いを馳せる。『紅いコーリャン』や『菊豆』で世界的に知られる中国映画界の匠、チャン・イーモウが貧しい1960年代の中国を背景に、純愛を切なく紡ぐ。素朴な情に心洗われる仕上がり。主演のチャン・ツィイーは本作で一躍世界的スターとなった。デジタル配信中。DVD 1,408円（税込） 発売・販売元：ソニー・ピクチャーズ エンタテインメント

られていく。

父の急死を知って、中国北部の山村に戻ってきた息子が、老いた母を前に、ふたりの恋に思いを馳せる。

未だ中国が貧しく素朴だった時代。町からやってきた教師の父に恋した、十代の母は彼と会うために健気な努力を重ねる。教師の好きな「きのこ餃子」を懸命につくり、姿を見るためだけに道に佇む。その美しく健気な姿に、見る者はたちまち心を奪われてしまう。

チャン・イーモウの情を込めた映像のなかで、若き母を演じたチャン・ツィイーの美しさが躍動している。

ヒロインがつくる「きのこ餃子」もどちらかといえば不器用な形状だが、心が込もっている。餃子の餡は地域によって違い、その土地で採れる野菜で作るもの。この寒村ではきのこしかなかったということか。

ホカホカと湯気の立つイメージの餃子が、ふたりの気持ちを象徴しているかのようだ。決して豪華ではないが心を込めた逸品。思いを馳せた息子も、故郷で知る。愛を育んだ両親の心情を故郷で知る。どんな餃子も情と愛がスパイスになっているのだ。

第2章

点天ひとくち餃子アレンジレシピ

料理研究家やプロの料理人が
ひとくち餃子を思いのままにアレンジします。
イタリアンあり、和食あり、
フルーツと合わせたユニークなレシピも!

TENTEN
arranged recipes

ひとくち餃子のトマトモッツァレラソース

フレッシュなトマトソースで
点天イタリアン！

ラザニアなどパスタ料理をワンタンや餃子の皮で作ることがよくあります。

点天の餃子はひとくちサイズで具がひき肉。ラビオリのように料理ができるのではないかと考えました。

そして行きつけのイタリアンレストランでフレッシュトマトのパスタをよく食べるので、そのシンプルなトマトソースと合わせたらおいしいはず。この料理が生まれたのはそんなきっかけからです。

調理のポイントは、トマトとオリーブオイルをしっかり乳化させること。フライパンをゆすりながらよく混ぜ合わせてください。

餃子は先に茹でてオリーブオイルを軽くかけておき、ソースが出来上がったらすぐにからめると熱々でおいしくいただけます。

点天の餃子は食べやすい大きさ、茹でるだけでいただけて、忙しいときの時短料理にも活躍してくれます。

藤野真紀子 ●ふじの・まきこ

料理研究家。お菓子と料理の教室「マキコフーズ・ステュディオ」を主宰。フランス農事功労章シュバリエ受章。食育にも力を注ぐ。著書に『語り継ぐお菓子たち』（文化出版局）などが。

Recipe

材料（2人分）
ひとくち餃子…10個／完熟トマト…2〜3個／エクストラバージンオリーブオイル…大さじ1／プチモッツァレラチーズ…6個／バジルの葉…3枚／すりおろしたパルミジャーノチーズ…大さじ2

作り方
1 完熟トマトはヘタを取り8等分に切る。
2 餃子は茹で、オリーブオイル（分量外）を軽くかけておく。
3 フライパンにエクストラバージンオリーブオイルを熱し、**1**の完熟トマトを加え、木ベラで潰しながらフライパンをゆらして乳化させる。
4 **2**の餃子、プチモッツァレラチーズを加え、チーズが溶けたら皿に盛り付けバジルの葉を飾る。
5 すりおろしたパルミジャーノチーズを振りかける。

TENTEN
arranged recipes

ひとくち餃子と奇跡のリンゴのグラチネ

餃子と奇跡のリンゴは驚きの名コンビ。

奇跡のリンゴは、化学物質を含んだ農薬や肥料、除草剤を使わないで栽培したリンゴのことです。青森県弘前市の木村秋則さんが生産していますが、あまりに栽培が難しいので「奇跡のリンゴ」と呼ばれています。

私のレストランではこのリンゴを使った料理をたくさんお出ししています。多くの素材はリンゴと相性がよく、点天のひとくち餃子もきっといい相性に違いないと3種類の料理を考案しました。

Recipe

自然栽培にんじんと パルミジャーノ

材料（2人分） リンゴ…1個／ひとくち餃子…6個／自然栽培のにんじんのピューレ…大さじ3／生クリーム…大さじ5／バター…10g／塩…ひとつまみ／パルミジャーノチーズ（すり下ろし）…3g

作り方

1 鍋に茹でた自然栽培にんじんのピューレを入れて、生クリームを加えてひと煮立ちさせる。**2** バターを加え、塩で味を調える。**3** リンゴに蒸した餃子を詰め、上から**2**をかけてパルミジャーノチーズを振りかけオーブントースターで軽く焼く。

くりぬいたリンゴのピクルス

材料（2人分） **丸くくりぬいたリンゴ（3個分）**／ピクルス液（白ワインヴィネガー…150cc、水…50cc／グラニュー糖…15g、塩…6gを合わせて熱し冷ましておく）

作り方

くりぬいたリンゴをピクルス液につけ、小さなグラスに盛り付ける。

フレンチグラタンソース焼き

材料（2人分） リンゴ…1個／ひとくち餃子…6個／エシャロット（みじん切り）…5g／白ワイン…50cc／生クリーム…80cc／バター…8g／塩…ひとつまみ

作り方

1 鍋にエシャロットと白ワインを加えて煮詰める。**2** 生クリームを加えてトロッとなるまで煮詰める。**3** バターを加えて塩で味を調える。**4** リンゴに蒸した餃子を詰め、上から**3**をかけてオーブントースターで軽く焼く。

パセリバター焼き

材料（2人分） リンゴ…1個／ひとくち餃子…6個／パセリ…15g／バター…50g／塩、パン粉…各ひとつまみ

作り方

1 ひとくち餃子を蒸してリンゴに詰める。**2** パセリをフードカッターにかけ、バターと塩を加えてよく混ぜ合わせる。**3** **1**に**2**をかける。**4** パン粉を振りかけて、オーブントースターで焼き色を付ける。

山崎隆 ●やまざき・たかし

青森県つがる市生まれ。東京、仙台、フランス各地で修業し、1994年弘前に「レストラン山崎」をオープンし、99年にはカフェ、パティスリーも開業。著書に『奇跡のりんごスープ物語』（講談社）。

餃子一個の大きさがちょうどいいことと、焼いても蒸してもおいしいので、リンゴをくりぬいたところに詰めてソースを工夫しました。みなさんが味わったことのない餃子アレンジ、意外なおいしさにきっと驚かれることでしょう。

TENTEN
arranged recipes

スキレットで焼いたひとくち餃子

この餃子があれば バーベキューは絶対盛り上がる！

点天の餃子は何度も食べていますが、アウトドアで焼いて食べるのは初めてです。でも、考えてみるとかなりイケると思います。

というのも、バーベキューで肉を焼いたり野菜を炒めたりする鋳鉄製で厚みのあるスキレットで餃子を焼いたら、絶対においしいはず。スキレットは炭の強い火力を均一に、そして安定して伝えて素材をおいしくしてくれるんです。

まずはオリーブオイルを少し、餃子を並べてすぐに水を加えて蓋！焼き加減をチェックしながら5分待てば出来上がりです。タレは上からかけてしまいましょう。

ひとくちサイズなので食べやすいし、皮はカリッと、中の具はフワッとしていて、本当にウマイです。焼きが得意なスキレットがいい仕事をしてくれたおかげもありますね。

この餃子があれば、バーベキューがめちゃくちゃ盛り上がりますよ。

たけだバーベキュー

吉本所属のアウトドアタレント。カナダ・アルバータ州のバーベキュー大使でもある。『豪快バーベキューレシピ』（池田書店）など料理本も出版。

COOKING START!
材料はひとくち餃子を好きなだけ。そして焼くときに使うオリーブオイル適量。
スキレットでおいしく焼けるはず
ペットボトルから水を注いで
ジュー！
コテとトングでひっくり返して
お、こんがり焼けた！
タレは上からかけてしまいます
アツアツッ！
うまっ！
中はフワッとしてますよ
YUM YUM!

TENTEN
arranged recipes

イタリア料理 × 点天ひとくち餃子

ひとくち餃子のラビオリ仕立て

Recipe

材料（2人分）
ひとくち餃子…10個／無塩バター…大さじ1／パルミジャーノチーズ…10g／塩…適量／昆布だし…大さじ3／粗挽き黒胡椒…適量

作り方
1 沸かした昆布だしに軽く塩をして点天の餃子を5分ほど茹でる。
2 鍋に無塩バターを入れて火にかけ溶かす。餃子を茹でている昆布だしを加える。
3 茹でたひとくち餃子を**2**の鍋に入れてよく和える。
4 火を止めてからパルミジャーノチーズを加えて混ぜる。
5 お皿に盛って、粗挽き黒胡椒を添える。

餃子をラビオリに見立てソースでさらにイタリア風。

点天の餃子はひとくちサイズで、イタリアのパスタのラビオリに似ています。餃子の餡であるミンチがおいしいのでイタリア料理に使うチーズやソースにもとても合います。

今回は2つの料理に仕立てました。ひとつはパルミジャーノチーズと餃子で旨みの相乗効果を味わえるもの。その旨みをさらにアップさせ、でも出しゃばらない昆布だしも加えました。

もうひとつはパセリやアンチョビ、茹で卵の黄身を使っ

TENTEN
arranged recipes

ひとくち餃子のサルサヴェルデ
(グリーンソース)

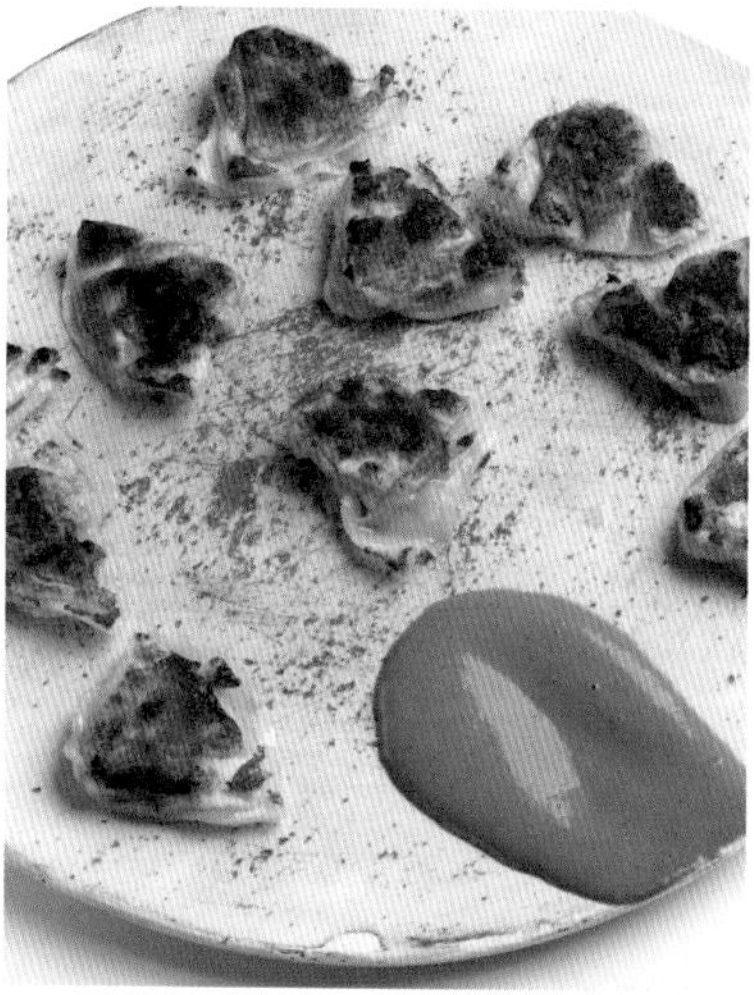

Recipe

材料(2人分)
ひとくち餃子…10個/パセリ…1束(100g)/エクストラバージンオリーブオイル…150cc/粗挽き黒胡椒…適量　(**A**)茹で卵の黄身…2個/酢漬けケッパー…20g/アンチョビ…10g/塩…2g

作り方
1 パセリは茎から葉だけを取って塩(分量外)を入れた湯でサッと茹で、氷水に取り水分を絞る。
2 **1**と**A**をミキサーに入れエクストラバージンオリーブオイルを少しずつ加えながら回す。
3 ひとくち餃子をこんがりと焼き、お皿に盛って黒胡椒を振りかける。
4 **2**のソースを添える。

たサルサヴェルデソースと合わせます。このソースはお肉と相性がいいのでイタリア料理ではよく使われます。ソースは冷蔵庫で3日はもつので、焼いた鶏肉や豚肉、茹でたタコなどにも活用できます。

笹島保弘 ● ささじま・やすひろ
リストランテ「イル ギオットーネ」オーナーシェフ。もしイタリアに京都州があったら、という発想でイタリア料理を創作。お店はもちろんテレビ、雑誌などでも大人気。
https://ilghiottone.com

中華弁当と宮古島野菜 × 点天ひとくち餃子

TENTEN
arranged recipes

揚げ餃子の香港漁師風フライドガーリック炒め
宮古島の島野菜たちとともに

Recipe

材料（2人分）
フライドガーリック（揚げニンニク、雪塩、五香粉、グラニュー糖、ガーリックパウダー、一味唐辛子、カレー粉、パプリカパウダー、島唐辛子などを適量混ぜる）
野菜　宮古島野菜（ケール、カンダバー、宮古ゼンマイ、スベリヒユ、長寿草、スナップエンドウ、島ラッキョウ、シシリアンルージュトマト、紅芋、ラディッシュ）…各適量

作り方
ひとくち餃子を油で揚げる。皿に盛り付け、フライドガーリックを適量かける。宮古島の野菜をまわりに飾る。

fresh vegetables & herbs!

宮古島の自然の恵みでおいしく、健康的に。

揚げ餃子は香港の伝統的な「避風塘炒蟹」という料理を参考にしました。避風塘は台風のときに避難する港のことで、そこで船上生活をしていた漁師さんが食べていた料理です。宮古島にも大勢の漁師さんがいることもあり漁師風に仕上げました。味付けの中

TENTEN
arranged recipes

ひとくち餃子と宮古島野菜の彩り中華弁当

Recipe

材料　ソース6種類　それぞれ（ ）内の材料を適量を混ぜる　**チリソース**（ケチャップ、砂糖、酒醸、塩、豆板醤、ニンニク、生姜、中華スープの素）／**黒酢**（中国鎮江黒酢、砂糖、米酢、たまり醤油）／**マンゴーマヨネーズソース**（マンゴーピューレ、マヨネーズ、バジルペースト）／**胡麻ソース**（練り胡麻、醤油、砂糖、酢）／**紅油ソース**（甜醤油、ラー油）／**よだれソース**（醤油、砂糖、酢、ラー油、ネギの微塵切り、ニンニクと生姜のすりおろし）
宮古島野菜（右ページと同じ）
※酒醸（チューニャン）は米から作った中国の発酵食品で、天然の甘味料。手に入らなければ省略してよい。

作り方
ひとくち餃子を茹で、弁当箱につめて各ソースをかける。中央に宮古島野菜を添える。

心は宮古島の海水からしか生まれない雪塩です。
中華弁当は医食同源をテーマにした6種類のソースで味わいます。真ん中に詰めたのは抗酸化作用のある宮古島野菜。食べておいしくからだにやさしいお弁当です。

濱田克博　●はまだ・よしひろ
東京・吉祥寺で広東料理を修業し、ホテルパシフィック東京、西麻布「禧」、六本木「中華ふるめん」の料理長を経て、沖縄県宮古島に中華食堂「スパイスドラゴン」をオープン。

TENTEN
arranged recipes

ひとくち揚げ餃子のレモンソース

Recipe

材料（2人分） ひとくち餃子…10個／レモン…1個／はちみつ…大さじ2／水…大さじ2／片栗粉…小さじ1/2／パイナップル、キウイフルーツ、オレンジなどお好みのトッピング用フルーツ

作り方　**1** はちみつレモンを作る。洗ったレモンの皮を少量薄く削いで千切りにする。ワタと種と内袋を取り除き、果肉と千切りにした皮をほぐしてはちみつに漬けておく。
2 レモンソースを作る。**1**を大さじ2、水大さじ2、片栗粉小さじ1/2を小鍋に入れてよく混ぜる。 中火で沸騰する直前まで約30秒、その後、弱火にして混ぜ続けトロリとしたら火を止める。
3 餃子は180℃の揚げ油で約2分揚げる。
4 お好みのフルーツを餃子より小さめにカットして**3**にのせる。
5 **2**のレモンソースをかける。

揚げた餃子と柑橘は驚くほどマッチします！

餃子のタレに使われているお酢の代わりに柑橘類の酸味は合うはず、と感じたのがこの料理の出発点でした。揚げたサクサクの餃子とフルーツを合わせてみたら予想を超えるおいしさ。ひとくちサイズの餃子なのでカットしたフルーツをのせてもきれいで食べやすいです。

大熊　真理
●おおくま・まり

野菜や果物でインナービューティーを目指す野菜果物ビューティーサロンを主宰。https://www.mariokuma.net/

TENTEN
arranged recipes

ラーギョー弁当

Recipe

材料（2人分） ひとくち餃子…10個／ごはん…適量　メンマ・たくあん（市販のもの）…適量／**ピリ辛ニラ**　ニラ…1/2束／**A**（豆板醤…小さじ1/3、醤油…小さじ1/2、白胡麻…小さじ1、胡麻油…小さじ1/2）　**煮卵**　卵…1個／**B**（醤油…大さじ4、水…大さじ3、みりん…大さじ2、きび砂糖…大さじ1、おろしニンニク…小さじ1/2）　**豆もやしの中華風マリネ**　豆もやし…1/2袋／**C**（鶏ガラスープの素〈顆粒〉…少々、ごま油…小さじ1、醤油…小さじ1、米酢…小さじ1/2、きび砂糖…小さじ1/4、輪切り唐辛子…小さじ1/2）

作り方　**1** 茹で卵を作る。 **2** **B**をひと煮立ちさせて粗熱を取った後、ポリ袋に**1**とともに入れ冷蔵庫で一晩おく。**3** ニラは3cmの長さに切って**A**と混ぜ合わせ、冷蔵庫で一晩おく。 **4** 豆もやしを耐熱ボウルに入れてふんわりラップをかけ600Wで2分加熱後、余分な水分を捨て、熱いうちに**C**と混ぜ合わせる。**5** 餃子を焼き弁当箱に詰めたごはんにのせる。**6** **2**を半分に切って**3**、**4**、メンマ、たくあんとともにごはんの上にのせる。

餃子、ごはん、おかずを三段に重ねて召し上がれ。

点天の餃子はひとくちで食べられる大きさでお弁当向きです。餃子に合うおかず3種を含め、炭水化物、脂質、タンパク質の三大栄養素がしっかり摂取できるレシピです。餃子、ごはん、おかずを重ねて、ひとくちでパクッと食べてみてください。おいしさが広がります。

早川美里佳
●はやかわ・みりか

料理研究家。テレビ朝日系「家事ヤロウ!!!」の料理監修などのほか、YouTube「ごはん。チャンネル」も開設。

TENTEN
arranged recipes

ごぼうのポタージュ・ディップ

Recipe

材料　(2〜3人分) ごぼう…200g／玉ねぎ…1個／水…400cc／塩麹…20g／豆乳…100cc／オリーブオイル…大さじ3〜4／塩、胡椒、七味唐辛子…適量

作り方　**1** ごぼうは乱切りにして10分間水にさらす。玉ねぎは薄切りにする。**2** 鍋にオリーブオイル、玉ねぎを入れて弱火で熱し、蓋をして蒸らしながら炒める。**3** 玉ねぎがしんなりしてきたらごぼうを加え、火が通るまでさらに蒸らしながら炒める。水、塩少々を加え、ごぼうが柔らかくなるまで煮る。**4** 粗熱が取れたらミキサーにかけ、ピューレ状にする。**5** **4**を鍋に戻し、塩麹、豆乳を加えて再び火にかけ塩、胡椒で味を調える。**6** 香ばしく焼き上げた餃子に、七味唐辛子少々を振りかけたポタージュを添える。

お酒のおいしいおつまみと食べ応えのあるスープ。

焼き餃子と水餃子をおいしくいただく料理2品です。

ごぼうは和食に生かされる野菜で、独特の風味と繊維力が魅力。そんなごぼうと豆乳を合わせたクリーミーなディップソースは、カリッと焼き上げた点天の餃子の新たな脇役的な存在になります。かわいらしいサイズなのでチップス感覚で盛り付け、おやつやお酒のおつまみに。

もう一品はスープに仕立てました。点天の餃子は水餃子にするとなめらかな口当たり

TENTEN
arranged recipes

旬野菜の食べるスープ

Recipe

材料　玉ねぎ／じゃがいも／にんじん／豆類（大豆・枝豆など）／きのこ類（しめじ、舞茸など）／鶏もも肉（生姜とねぎを加え蒸しておく）／オリーブオイル／鶏がらスープ／トマトペースト／塩／砂糖／胡椒／バター／ラー油…すべてお好みで適量

作り方　**1** 玉ねぎを薄切りにして厚手の鍋に入れ、オリーブオイルを加えて玉ねぎに絡めて火にかける。蓋をして中火の弱で蒸らし炒めをする。**2** 1cmの角切りにしたにんじんとじゃがいもを10分ほど水に浸してザルにあげ、水分を切る。**1**ににんじん、続いてじゃがいもを加えて蒸らし炒めをする。**3** 野菜に八分通り火が通ったら茹でた豆類、きのこ類、鶏もも肉を加え、具材がひたひたになるまで鶏がらスープを加える。**4** トマトペーストを加え、塩、砂糖、胡椒、バター、ラー油で味を調える。**5** 点天の餃子を投入して火が通ったら完成。お好みで香味野菜を添えて。

になり、ひとくちでそのおいしさが味わえます。

旬の野菜をじっくり蒸らし炒め、蒸した鶏肉と餃子を加えるとそれぞれの旨みが引き出され、奥行きのあるスープになります。ひと口ごとに素材の凝縮した味わいと食べ応えが感じられ、立派なメイン料理になるでしょう。

橋本幸恵●はしもと・ゆきえ

料理家・辰巳芳子スープ教室で食のあり方を学ぶ。2021年日本ファンクショナルダイエット協会認定ケトジェニックアドバイザー、国際予防医学協会認定パレオダイエットシニアアドバイザーの資格を取得。

TENTEN
arranged recipes

野菜の冷や汁ぶっかけ丼 揚げ餃子添え

田中健太郎
● たなか・けんたろう

辻調理師専門学校フランス校卒業後、オテル・ドゥ・ミクニで11年間の研鑽を積み、出身地の東京・神楽坂に和食・創作料理の「神楽坂けん」をオープン。

Recipe

材料（2人分） 玉ねぎ…1/4個／きゅうり…5㎝くらい／トマト…1/2個／しょうが…30ｇ（千切り）／大葉…10枚（千切り）／ひねり胡麻…適量／すし酢…大さじ4／かつおだし…大さじ4／醤油…大さじ1/2／胡麻油…大さじ1／ごはん…適量

作り方　**1** 玉ねぎ、きゅうり、トマトを5mm～1cmほどの角切りにし、ボウルに入れ、すし酢、かつおだし、醤油、胡麻油、しょうが、大葉を加え30分ほど冷蔵庫で冷やす。**2** ごはんに**1**をお好みの量かけ、揚げたひとくち餃子を添え、ひねり胡麻を振りかける。お好みでラー油をかけてもおいしい。

夏のさっぱり食に餃子でパワーを。

食欲の落ちる夏の暑い日でもさっぱり食べられる冷や汁を、すし酢やだし、旨みのあるトマトを使ってよりさっぱりさせました。味のアクセントにはしょうがを、香りを豊にする大葉とひねり胡麻も加えています。混ぜごはんのようにして食べるなら汁は少なく、お茶漬け風なら汁を多めにかけてください。

餃子はカリッと揚げるか、パリッと焼くと食感がプラスされてさらにおいしくなり、スタミナもつくでしょう。

ケータリング × 点天ひとくち餃子

TENTEN
arranged recipes

ツルッと水餃子＆カリッと揚げ餃子＆
パクッとグリル餃子

Recipe

材料（2人分）
点天ひとくち餃子…好きなだけ／エクストラバージンオリーブオイル、米油、**A**（塩、胡椒、ガーリックパウダー、クミンパウダー、パプリカ）、青ねぎ、レモン、スイートチリトマトソース（トマトケチャップに市販のスイートチリソースを混ぜる）、塩、各適量

作り方　［**ツルッと餃子**］**1** 鍋に湯を沸かし、沸騰したらオリーブオイル（分量外）を少々入れて餃子を茹でる。**2** 茹で上がったらボウルに移してエクストラバージンオリーブオイルを回しかけ、盛り付けてみじん切りの青ねぎを散らす。［**カリッと揚げ餃子**］小鍋かフライパンに米油を少量入れてこんがり揚げる。［**パクッとグリル餃子**］**1** オーブンを200℃に予熱しておく。**2** オーブン皿にオーブンシートを敷き、餃子を並べて**A**を振りかけ、オリーブオイル（分量外）を回しかける。**3** 12〜15分ほど焼く。皿に盛り付け、塩を振り、レモンを添える。

3種の調理法でバリエーションを楽しもう。

点天の餃子は調理法を変えると違う味、違う食感が楽しめます。今回は茹でる、揚げる、オーブンで焼くという調理法で作りました。水餃子はポン酢で、揚げ餃子はスイートチリトマトソースで、グリル餃子はエスニックの味付けで楽しんでください。

荒井勝紀
●あらい・まさき

フードクリエーター、プリン研究家。デザイン制作会社、ライブイベントやプライベートパーティでのケータリングを行う。

COLUMN ② ALCOHOLIC BEVERAGE

ビールだけじゃない!
点天の焼き餃子を引き立てるお酒を知ろう

長田 卓
NPO法人FBO（料飲専門家団体連合会）研究室長。きき酒師、ワインコーディネーター、ビアアドバイザーの資格を有する。

パリッと焼けた点天の焼き餃子を頬張り、そこにキーンと冷えたビールを流し込む…。美味しいというよりも、「気持ちイイ！」と感じる至福の瞬間。この相性に異を唱える人などいるはずがない（と思ってます）。

しかしながら、〝クリスピー〟〝ジューシー〟〝香ばしい〟などと、酒の肴にピッタリな要素を多分に含んだ点天の焼き餃子。きっといろいろなお酒との相性が楽しめるはずと検証した結果、スパークリングワイン、クラフトビール、日本酒が抜群の好相性を示すことが分かりました！

スパークリングワイン

カヴァ
フレシネ コルドン ネグロ

カヴァとはスペイン産のスパークリングワインのこと。このフレシネは世界で最も売れているカヴァであり、爽やかだけど軽すぎないのが特徴です。点天の焼き餃子を頬張った後に飲むと、炭酸ガスが油分をスパッと切り、さらに特有の清涼感が広がる。いつまでも新鮮な感覚が保てます。特に柚子塩餃子との相性が抜群でした（柚子胡椒を添えるとさらに◎！）。
サントリー（suntory.co.jp/wine/special/freixenet/）

クラフトビール

キリン
SPRING VALLEY 豊潤〈496〉

今の酒類トレンドを代表するクラフトビール。今回選んだ「キリン SPRING VALLEY 豊潤＜496＞」は、一番搾りやラガーよりも芳醇なのに、爽やかな香りや後味の軽やかさが同居するという完成度の高さ。特にタレにラー油を加えたときの相性は、まさに「リッチ！」と唸るほど。餃子とビールの概念が変わるといっても大袈裟ではない相性をぜひお試しください。
SPRING VALLEY (springvalleybrewery.jp)

SAKE

優しく包みこんでくれる
癒しの相性

SPARKRING WINE

柚子塩餃子を食べる数が
過去最高を
記録しそうな相性

CRAFT BEER

餃子とビールの新境地。
贅沢気分が味わえる

結論

料理とお酒の相性とは大人だけに許された知的な遊びです。皆様も色々なお酒との相性を試しながら自分好みの組み合わせを探してみて下さい。おススメは、タレや薬味を少しアレンジすること。面白い発見がきっと得られるはずです。

日本酒

男山本店（宮城県気仙沼）
蒼天伝　特別純米酒

日本酒派におススメしたいのが「蒼天伝 特別純米酒」。純米酒規格ながら軽快でなめらかな味わいで、点天の焼き餃子の味わいを優しく包み込んでくれます。また、具の旨味とピッタリ調和するのは、アミノ酸などを豊富に含む日本酒だから。和辛子を添えると相性度がさらに高まるので是非お試し下さい。
男山本店 (kesennuma.co.jp)

第3章

点天ひとくち餃子
こだわりと未来のカタチ

創業45年を迎えて味を守りつつ、さらに50年、100年を目指して発展していくこれから。最後は新しい試みや展望をお話しします。

45th
Anniversary
TENTEN

INTERVIEW

常に新しいこと、人がしていないことをやりたい

今野啓介 ●株式会社点天 代表取締役

今野啓介社長は、3年前に46歳で会社を引き継いで
今年、点天の創業45周年を迎えることができました。
コロナ禍のなかで就任し、予測のつかないことばかりでしたが、
さまざまな新展開を点天は繰り広げています。
子どものころから、創業者である父の背中を見て育ち、
いまは、どんなことを考えているのでしょうか?

写真:堀 清英　ヘア&メイク:古久保英人　インタビュー・文:松木直也

――家業を継ごうと思ったのはいつごろですか？

保育園の年長のころから北新地の店で店番をし、中学のときは夏休み・冬休みは工場やお店でアルバイト。それは家を継ぐためではなく、本当に猫の手も借りたいほど忙しかったからです。休みの日は、父が私と社員を引き連れて、毎週のようにスキーや水上スキーへ行くので、子どもでも仲間意識は強かったですね。確か当時の父たちは、車のなかでユーロビートをガンガンに聴いていました。いま思い出しても、すごく楽しかったですね。

高校は、全寮制の四天王寺国際仏教高等学校（1990年に四天王寺羽曳丘高等学校に改称）で、クラブが日本拳法部。当時はヒョロヒョロとしていて、ただただ強くなりたいだけでした。全寮制の高校だったこともあり、家の手伝いはほとんどしていません。

高2のときに、ソニーの創業者の一人、盛田昭夫さんの著書『MADE IN JAPAN―わが体験的国際戦略』（朝日新聞社 1987年）を読んで、将来は、経営者や上場企業のトップと同じテーブルで話をすることができたらええなと、このとき初めて将来のことを考えました。ただ、家を継ぐ気持ちはまったくなく、父も継がせようとは考えていなかったと思います。

――入社したいきさつは？

そもそも高校時代は勉強嫌いでしたが、なぜか英語だけ興味がありました。大手英会話学校が主催する英語暗唱弁論大会に出場したことがあって、両親が観に来てくれたんです。

大会後しばらくして父が、「アメリカに行ってみるか?」って。少し悩みましたが英語には興味があって、たまたま母の知り合いの方がアメリカ・ペンシルバニア州に住んでいたこともあり、3月の高校卒業後すぐに渡米してお世話になりました。

渡米期間中、絶対に日本語は使わないと腹をくくって、しっかり遊んで、たまに勉強に励んでました(汗)。

——海外での生活は7年半になりますが。

当時からずっと、将来の自分の姿を模索していました。やりたいことが絞れず好奇心ばかりで焦っていたある日、リアルな夢を見たんです。

そのなかで私は、潮風が優しく鼻先をくすぐる海沿いの市場に立っていました。そこは、行ったことも見たこともない場所です。足元には白い石畳が敷き詰められていて、左側には八百屋や魚屋、雑貨屋などが、右側の海辺には、日本では見たことがないビーチハウスが並んでいました。それぞれの家には専用の桟橋《さんばし》があって、各々のヨットが停泊し、石畳をしばらく進むと、市場の中央部分に何やら大きな噴水が見えてきます。噴水の両サイドの市場は、空を覆うようなドーム状の大きなゲートでつながっていました。トレビの泉みたいな噴水の両脇には、テラス席のあるレストランやカフェ、本屋そして服屋などが並んでいて、まるでギリシャにあるサントリーニ島のような景色です。

噴水の前は大きな広場になっていて、コーヒースタンドやアイスクリームスタンドなんかがあり、なんだか穏やかさに満ちています。

噴水の海側には、チェステーブルと椅子が等間隔に並んでいて、夕陽を眺めながらゆったりとした時間とともにコーヒーを楽しめる。

私は、「なんだこれ？　あっ！これだ!!」と、「日本に帰って、人々が喧騒から解放されるこんな場所を創りたい！」と、強い衝動に突き動かされました。

その日の夜、すぐ父に電話をし、「これまでわがままをしてきたけど、やっと将来やりたいことが見つかったので点天で雇ってほしい」と話し、父は、私の申し入れに、特別、何を聞くこともなく快く入社を認めてくれました。

アメリカで7年半も好き勝手にさせてくれた両親には、本当に感謝してもしきれません。

——46歳のときに、会社を引き継ぎましたが、いかがですか？

これまで20年ほど父の下で仕事をしてきましたが、次はお前が社長だぞ、そんなんじゃ経営はできないぞと、毎日のように言われてました（笑）。当時、軸が弱かったというか、勢《いきお》いだけだった私と違い、父は几帳面な性格で職人肌。妥協がないんです。しかし、頑固で徹底的に細かいことを言いますけど、業者さんに対してむやみに値切ること

もしないし、きっちりお礼もします。

点天を大きくしたのは、父のこだわりの賜物《たまもの》だと思いますが、高知のニラ農家さんをはじめとした関係業者の皆さんとの強い信頼関係をつくり上げてきたことが、大きな礎《いしずえ》になっていると思います。その礎の上で、まじめで元気な現場のスタッフが一生懸命に支えてくれたおかげです。

現状に満足していたら
そこで終わってしまう

――コロナ禍のなかで迎えた創業45周年というのは、どんな思いでしたか？

社長を引き継いだのが2019年10月でした。すぐに新型コロナウイルス感染症の流行でしたから、焦るよりも、これは負けてはいられないという気持ちが強かったです。

どの経営者の方も、当初、クラスターやパンデミックなど世界の情勢は厳しく、先行き不透明のなかで日々思いつくことは、このまま続けば何年耐えられるか、ということだったと思います。

公に話したことはないのですが、父も私も経営状況が危うくなれば、会社が枯れる前に廃業して、残った会社の資産で社員に退職金を渡そうと腹をくくっていました。なにせ、従業員はまったく悪くないわけですから。幸いにも最悪の状況は回避できましたが、正直、腹の底から恐ろしかったです。

大きな集客販売の場として、新大阪や空港に拠点を持つキヨスク業態を頻繁《ひんぱん》に利用する出張族や旅行客のお土産需要がパッタリとなくなりました。

これはもう本当に致命的で、キヨスクの売り上げが最悪のときで50%近くまで減少し、百貨店も臨時休館や時短営業などが続き、大幅に売り上げが減少。誰にも矛先を向けることもできないやるせなさのなか、いっさい先行きが見えない、恐怖の時期を長らく我慢するほか手がありませんでした。

全従業員には、感染しないようにマスク着用や手洗い、うがいの徹底、不要な外出をしないようにと言い続け、小さくなって息をひそめながらコロナ禍が落ち着くのを耐え忍ぶしかありません。万が一、社内や工場内でクラスター感染が発生したとなると、工場を閉鎖しなければなりませんから。

幸いにも社内も工場内でも、クラス

ター感染は発生せず、これは本当に従業員の意識の高さによるものだと思います。百貨店などの出店先の売り上げは落ちましたが、ありがたいことにネットでの通販が伸びました。
そして、後に述べますが、新たな販路を開拓できたことは本当にありがたかったです。このおかげでスタッフが不安がらず、モチベーションを維持することができ、45周年を迎えたいま、売り上げはコロナ禍前程度まで回復しています。

——就任後、何か、新しいことをはじめましたか？

私は性格的に、常に新しいこと、人がしていないことをやりたいタイプで、時には行き過ぎもあります（笑）が、このコロナの時期にいい人財を採用しました。
うちは誰も解雇しませんでしたが、ほかを見渡すと人員整理をしている会社が散見され、そこには優秀な人財もいるだろうと考え、いまこそ買い手市場だと。さっそく、ヘッドハンティングの会社に人財紹介を依頼したところ、タイミングよく本当に優秀な方を迎えることができて、これまでになかったさまざまな取り組みに着手できました。

——コロナ禍で、会社は変化しましたか？

もともと販路の中心は百貨店やＪＲの売り場ですが、売り上げの下降はうちだけではありません。急に大きいことはできませんが、次に何かをしなければ、ただ落ち込みを見ているだけになります。

そこで、新戦力を迎えた営業部隊とともに、新たな販路開拓について知恵を絞り合った結果、これまで取引のなかった高級スーパーへの販路に舵《かじ》を切ろうと決めて一気に交渉を進めました。

幸いにも、先方各社の担当者の皆さんも大変喜んでくださって、おかげさまで、これまでになかった新たに大きな販路が広がり、いまの売り上げに大きく貢献してくれています。

そして、商品のパッケージを変えました。それまではタレが別付けでしたが、折箱に内包したことで売り子さんたちの作業がスムーズになったと思います。私たちの商品は価格帯が高いため、怠慢になったとたん、販売店もお客さまも離れてしまいます。常にアップデートをしながら成長し続けなければ、未来はありません。現状に満足していたら、そこで終わってしまいますからね。

普段使いとしての冷凍餃子の販売

――点天のひとくち餃子は、一般的にどのように見られていると思いますか?

百貨店に来られる一部のお客さまのなかには、僕らの商品に対して「おいしいよね、でも高いよね」と思われる方が少なからずいらっしゃいます。それから「いただきもので食べたことあるけど、自分では買ったことない」とおっしゃる方がいらっしゃる(汗)。

惣菜としては高価格帯であるがゆえに少しハードルが高く、贈り物やお土産としては、もらったらすごくうれしい商品です。裏を返すと日常的な顧客の間口を広げるのが難しい。ですから、もっとお客さまのニーズに近い新商品をつくる必要性があります。でも、うちのひとくち餃子には父の思い、いままで守ってきた社員の思いもあります。だからこそ、新商品をつくるには相当慎重にならざるをえません。

『ひとくち餃子』は絶対的なポジションですが、ほかの胡椒餅《こしょうもち》や焼売《しゅうまい》などの商品を含め、いかに日々の家庭の食卓に近づけるか。研究課題はいまだ山積ですが、心から楽しみながら取り組んでいきたいと考えています。

——これまでつくらなかった冷凍餃子を販売しましたが？

22年3月下旬から関東、近畿、中国の高級スーパーで販売を開始しました。これは、ひとくちサイズの冷凍餃子です。

実は、十数年前に私が担当になって、今回と同じような冷凍餃子を大手食品メーカーと組んでアウトソーシング商品として手がけたことがあったんです。しかし、点天の味を想像して購入されたお客さまから「おいしくない」という苦情が多く聞こえてきました。よくよく調べてみると、メーカーから販売されたものが、僕らが開発段階で了承していた味とかけ離れすぎていたことがわかったんです。

これでは到底、私たちの名前を掲げ

天
丼

て売ることは承知できないとして、急遽《きゅうきょ》販売をやめました。やはり製造委託先とは、主体的に商品開発を進めないと、思いのずれが生じていいものができないと、思い知らされました。

そのときと同じ轍《てつ》を踏むわけにはいかないので、今回は、商品づくりから販売先までしっかりと手綱を握りながら着実に販路を拡大しています。

この冷凍餃子は、うちのひとくち餃子とは別ものですが、できるだけ私たち本来の風味を残して普段使いとして、家庭で食べてもらえる商品にしました。これからは、さらに量販店にも広げていきたいと考えています。

――ひとくち餃子の味の改良もお考えですか？

アレンジもおもしろいと思って、いろんな食材を使って、味を変えてやってみましたが、恐ろしいくらい、いまのひとくち餃子は完成されているんです。どの素材の何を変えてもダメ。これには徹底的に追求した父の性格が出ていると思いました。単純なアレンジでは無理ですね。だからこそ、視点を広くして、もっと柔軟に商品開発を行っていかないといけないと気づかされました。餃子以外にも、まだまだチャレンジは続けていきます（笑）。

今後の点天は未開拓分野へ

――これからの点天をどんな会社にしたいですか？

私が代表に就任してしばらくすると

父は、船頭は二人いらないと言って一線から少し下がって、会長に就任しました。

そのとき私が会社について考えたことは、経営者が欲張ったらあかん、上司が偉そうぶってもあかん、しっかり責任を持って、いま勤めてくれているスタッフの子どもや孫、ひ孫に勤めたいと言ってもらえるような、活気があって、創造力あふれる会社にしたいということでした。点天にかかわるみんなの力で50年後、100年後も元気に輝き続ける会社にしていきたいです。

そのためには、社員同士が正直に話し合えるような風土づくり、未来成長を望める人財雇用の仕組みづくり、そして新たな商品づくりは必須となります。職人体質にとらわれず一つひとつ是々非々《ぜぜひひ》で対応していきたいと考えています。


——会長からよく言われたことはなんですか?


父は、味を守ることもさることながら、どうすればお客さまにつくりたての餃子を翌日までに届けることができるか? など、配送方法のことも常に改善しながら、コツコツと努力してきました。仕事だけではなく、私生活でも人と人のつながりを大事にしてきました。

会長からよく言われたことは、「人が見てないとこでもちゃんとせなあかん。自分で決めたルールを崩したら誰も正してくれへん。人に後ろ指さされることだけは絶対やったらあかん」でした。どれも当然のことですが、私自身、まだまだできてないことばかりで、足らんことがいっぱいありますが、たかが餃子、されど餃子。父の熱い気持ちは引き継いでいきます。

――会社では、どんな社長ですか？

可能な限りパート・アルバイトを含め、すべての社員に対して私自身が近づいて気さくに話せるよう心掛けています。砕けすぎってよう言われるんですけど（笑）。大事にしているのは、「社長なんて偉くない」ということ。簡単に言ったら社長は、全責任を負わなきゃならないだけです。みんなにも、それぞれの持ち場で責任があります。大事なのは誰が偉いということではなく、責任を各々がしっかりまっとうする、それだけです。

もう一つ大事なミッションとして、食品製造業界のみならず、飲食業界で仕事をする人たちの働きやすい環境づくりもあります。これまで３Ｋといわれ続け、優秀な人財が集まりにくい業界でした。そういった偏見を払拭《ふっしょく》するためにも、まずは私たちがあらゆる知恵を絞って魅力ある職場にしていかなければなりません。

――いま、力を入れているのは、どんなことですか？

「ほかが静かにしているときにこそ、新しいことをポジティブにやっていこう」と、２０２５年の大阪万博を飛躍の年と位置づけて、社内システムの再構築や商品開発を加速させ、未開拓の分野にも進出しようとしているので、シャカリキにみんなで頑張っています。どうやって点天をもっと知ってもらうか。関西でも、知っている人はまだ一部です。特に20代、30代。そこがほんまに抜け穴です。そこで、若い女性に興味を持ってもらえそうなレストランはどうかと、世界のスパイスにこだわったダイニング&カフェ「TAU（タウ）」を北区大淀南にオープンさせました。

それと、うちのもう一つの人気商品、台湾のソウルフード、胡椒餅の店舗を阪神百貨店 梅田本店に出店しました。胡椒餅の専門店は国内初で、私たちにとって、今後の試金石になる大切なお店になっています。

今後は、常設店舗の出店以外にも、注目されているキッチンカーを投入して、全国のフェスやイベントに積極的に参加していきたいです。徹底的にやりたいと思っています。

――世界のスパイスにこだわったのはなぜですか?

「TAU」は、うちのシルクロードプロジェクトの起点になる大切なお店です。ご存じの方も多いと思いますが、そもそも餃子はシルクロードに深く関係しているのです。

餃子がどこから来たのかは諸説ありますけど、シルクロードを伝わってインドや中国などで発展し、ネパールにはモモ、インドはサモサ、トルコはマントゥ、イタリアはラビオリがあり、中国の焼水子（チャオズ）は、五香粉（ウーシャンフェン）という花椒または山椒、クローブ、シナモン、八角《はっかく》、フェンネル、陳皮《ちんぴ》などのミックススパイスを使います。

世界各国で小麦粉の皮に具を包んで加熱して食べる料理は、シルクロードでつながっており、さまざまなスパイスが世界に伝播し、料理の風味が豊かです。

餃子屋は、餃子にまつわることしかできないと思われがちですが、餃子のルーツをさかのぼって、これまで発展してきたスパイスを独創的に取り入れることができれば、もっとおもしろいことが深掘りできると思っています。

――夢は、なんですか？

私は、うちの社員がリタイアして寂しく隠居されるのが嫌なんですよ（笑）。

冒頭に話したサントリーニ島のような、みんなが心休まる場所をつくりたい。従業員たちが、引退後も生き生きしながら老後を送れる。そこは、おじいちゃん、おばあちゃん、子ども、孫、家族や恋人同士が夕陽を一緒に見て、1日に感謝するような、末永く人々を癒す場所です。

餃子屋さんだけにとどまらず、今後は衣食住をトータルプロモートできる会社になっていきたいですね。

――このたびは、創業45周年、おめでとうございました。

ありがとうございます。皆さま、今後ともよろしくお願いいたします。

点天の餃子は、ニラが決め手

ニラの生産を誇る高知県「ＪＡ高知県〈香美地区〉」。今野啓一会長が時間をかけて全国の生産地を視察して出合ったのがこのニラなのです。

高知県「JA 高知県（香美地区）」。契約農家さんが丹念につくったニラ畑が広がる。

高知県香南《こうなん》市にある「ＪＡ高知県〈香美地区〉」は、物部川水系がもたらす豊かな水と肥沃な土壌に恵まれ、果樹や野菜を生産している。ニラの生産量が全国1位。昭和40年代からはじまったハウス栽培で栽培面積が増えたこともあって、ニラは全体の作物の26％をしめる。

ここでは、余分な葉を取り除く「そぐり」という作

Part_1

FARMER

高知県香美地区の契約農家で育ったニラが味の決め手

1

2

3

4

1. 朝いちばんに取るニラは、夜のあいだにたくさんの水を吸い、葉がぷっくりと膨れるため、とても瑞々しい。 2. ニラの摘みかたにもこだわり、出荷直前まで5回の検品が行われる。 3. ハウス栽培で栽培面積が大幅に増えた。 4. 出荷された新鮮なニラ。

業の後、束に仕上げて包装し、出荷する。この「そぐり」は大変な時間を要し、農作業を含めた総労働時間の約6割にもなるそうだ。

今野啓介社長は「うちはニラへのこだわりが強いんです。餃子の味を決めるのはニラ。クセが強いので、ニラがダメだといけません。香美地区の農家さんのニラは、割り箸みたいにピンと立って、高級料亭で使うようなものなんです。こちらも刃に磨きをかけた刃物できれいにカットしているので、水分やエグ味はほぼ出ません」と語る。

2

1

1. 早朝から動きだす点天の工場。厳しい検品が行われる。 2. 冷水でニラを洗う作業が続く。 3. 可能な限り葉を傷めずカットすることが最も大切。瑞々しく香り豊かなニラのおいしさを最大限生かす作業。

鮮度を保ち水分を逃がさずカットされたニラ。

3

Part_2

FACTORY

点天自社工場での丁寧な作業がおいしい餃子をつくる

朝いちばんに生えてきた〝朝取り〟と呼ばれるニラ。工場に送られるとすぐに検品が行われ水洗いがはじまる。大切なことは、可能な限り葉を傷つけないようにカットすること。使い続けるスライサーはニラ特有のアクが付いてしまうため、1日に何度も刃を交換して鋭い切れ味を保つ。

餃子はニラや豚肉など香りの強い食材を使う。香りの少ない餃子を生み出すために、点天は、素材の鮮度、つくり方の一つ一つを研究してきた。餡を攪拌する機械は、こねる部分のフィン

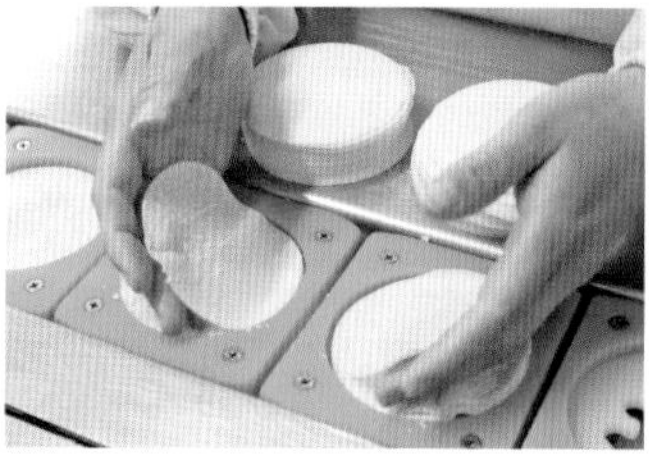

5

4

おいしさはもちろん、安全にもこだわった小麦粉。

厳選した国産豚肉を使用。徹底した温度管理が重要。

6

7

4. 食材の一つひとつをしっかりと吟味。 **5.** 4個のひとくち餃子を同時に製造できるという。 **6.** ひとくち餃子の箱詰め作業。箱の中に美しく並べていく。 **7.** 箱詰め作業が終わると、青い包装紙で梱包され、いざ出荷。配送時の冷蔵管理も徹底している。

の角度は理にかなったものだ。また、餡を包む薄い皮がサクッとした食感となるのは、材料の小麦にこだわるばかりではなく、ギリギリまでの薄さを追求するなど、長年の経験が蓄積されているからなのだ。

通信販売では、冷凍ではなく生のまま冷蔵便で出荷しているが、これは簡単ではない。創業当時から、当日製造・当日発送、消費期限は製造日から4日間。いちばんおいしい状態で一人でも多くの方に食べていただきたいという思いが、45年間、休まず続いている。

・点天の食育PROJECT・

京野菜とひとくち餃子で「そつえんきねん おべんとうパーティ」

―― 京都市東山区・善立寺保育園 ――

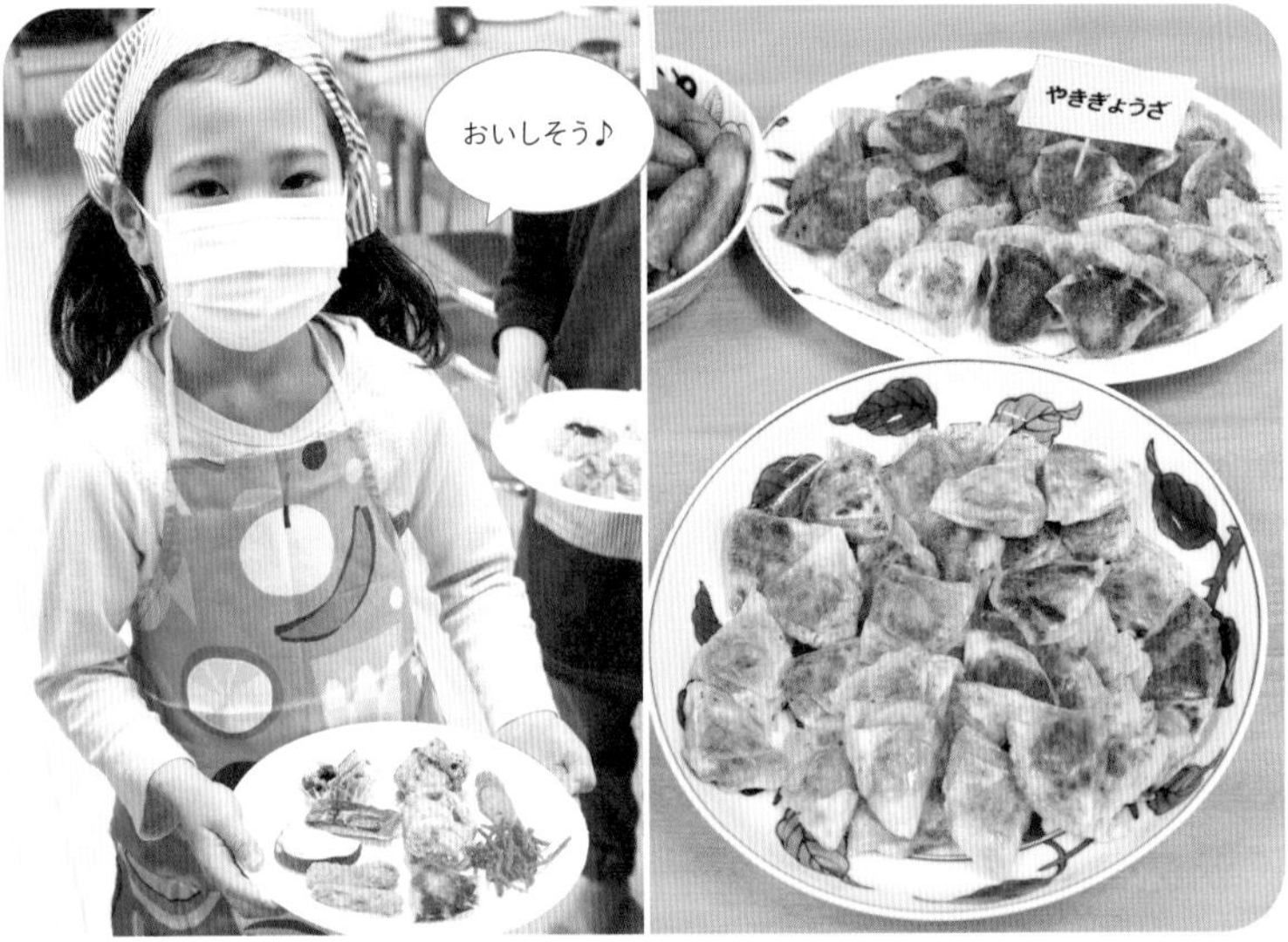

園児は、自分で食べたい分だけ選ぶことで、残すことがなくなります。

京都市東山区にある善立寺保育園は、福井瞳園長、保育士12名、調理師2名により、手づくりの給食を配食し、食育の一環として毎年「そつえんきねん　おべんとうパーティ」を開催。福井園長は「自分が食べられる量を知ることが目的です」と言います。バイキングスタイルのメニューは、「京水菜とれんこんのサラダ」、「九条ねぎと油揚げの煮物」、「金時にんじんのきんぴら」、「聖護院大根とハムのサラダ」など京野菜料理で11種。

京都市東山区にある善立寺保育園の
「そつえんきねん　おべんとうパーティ」で
園児のみなさんに京都の伝統野菜を使ったお料理と
点天のひとくち餃子が振る舞われました。

農家で園児が収穫体験もし、こんな取り組みで好き嫌いを減らしています。

ほかにもサワラの竜田揚げ、ハッシュドポテト、おにぎりが並び、今回は、それに点天のひとくち餃子が加わりました。園児たちは、「これとこれ」と、先生に食べたい料理を取り分けてもらい、持参したお弁当箱にきれいに盛り付けます。そして、みんな元気な声で「いただきます！」。

　卒園し、小学生になる子どもたちの思い出に残るパーティになりました。

点天の今野社長

点天は、2009（平成21）年から子どものたちの健やかな食の成長を育むために「子ども餃子教室」などの食育活動を行っています。

Spice up your life !

世界のスパイスにこだわった ダイニング&カフェ「TAU・タウ」

**ゆったりとしたスペースに、座り心地のいいイス。
ランチのカレーセットも人気で、お昼も夜も賑わう。**

点天のシルクロードプロジェクトの起点が、ダイニング&カフェ「TAU」。世界のスパイスにこだわり、肉や魚などを多種多様のスパイスで仕上げ、添えられていたポテトなどにも絶妙にスパイスが効いている。

梅田スカイビル直近にある店からは、大きく変わりつつあるJR大阪駅の風景が見え、あたりにはライブハウスなどもあり、このエリアは若者たちの街になりつつある。おしゃれ女子を中心に、ワイン好きがビストロ料理を楽しむような利用のされ方もしている。くつろげる店内に、今後、アナログレコードが流れる予定。

SHOP DATA

TAU《タウ》 梅田店 ［大阪・梅田］

シルクロードをイメージした店内に飾られた絵は今野社長の作品。テクスチャーにこだわり、額装も自分で行った。また、飲料で珍しいのがトルココーヒー。イブリックで淹れたてが飲める。●大阪府大阪市北区大淀南1丁目2-17、☎06-6110-5337、11:30〜22:00（L.O. 21:30）、水曜休、JR福島（大阪）駅出口より徒歩約11分　https://tauumeda.owst.jp/

Recommend

麻辣《マーラー》ラムチョップ

低温で長時間調理した熟成ラム肉にクランベリーソースとオリジナルスパイス（唐辛子、ゴマ、フミン、ガーリック、コリアンダーなど）で。マリネした野菜がラムをひきたてる。

Recommend

キノコクリーム・バーニーチャウ

南アフリカの料理をフレンチのエッセンスで。多種の野菜、そしてフライドポテトと自家製ピクルス添え。黒胡椒、ガラムマサラ、チリパウダーなどのスパイスを使用。

Recommend

バクラヴァ

トルコやギリシャ、中東地域や中央アジアやロシアでも食べられているデザート。幾重にも重ねた薄いパイ生地の間に、ピスタチオを挟んで焼いている。これをトルココーヒーで。

イブリックという真鍮の小鍋でコーヒーの粉を煮出してつくるトルココーヒー。濃厚なおいしさで、バクラヴァにとても合う。

\ 応援よろしく、です /

点天の YouTubeチャンネル

何かオモロいことやりたい。いつも応援してくれる皆さまを楽しませたい。
そんな気持ちでスタートしたYouTubeチャンネル。餃子のおいしい食べ方の紹介、
大食いバトルや社長が身体を張って点天の餃子を宣伝する餃子行脚など、見どころ満載。

みどころ

[行脚]

社長みずから、
街で出会った人に
点天の餃子をアピール

「点天」と書かれたのぼりを手に、バックパックに点天の餃子を入れ、大阪の街をひたすら歩く社長。まさに「餃子行脚」。出会った人に点天の餃子を説明。その人の身内話が社長の心に響けば、餃子をプレゼント。上・社長が身体を張って点天をアピールする、過酷ながら、点天愛にあふれた街歩き企画【勝手に餃子配り】知名度アップ作戦！社長自ら大阪の街で餃子配り。なんば/新世界/阿倍野編。下・【カムカム】カムカム出演監督と梅田で胡椒餅PR！

Series

[ハーレー]

社長のバイクへの愛とこだわりが詰まったフルカスタムのハーレー・ダビッドソンに乗り、バイクで四季の変化を楽しむツーリング企画。社長のバイク好きが爆発しているシリーズです。【バイク購入計画】TRIJYA(トライジャ)でカスタムハーレー納車！

[筋トレ]

スポーツジムを訪問し、イケてるマッチョをめざす真剣・筋トレ企画。結構重めなトレーニングギアを使うことになり、必死で取り組む社長。おうちトレーニングとして参考になる映像もあります。【#6 筋トレ企画 後編】これが噂のジャングルジム！地獄のトレーニング！

みどころ

[大食い]

大食いユーチューバーしのけんさん登場

餃子500個、ラムチョップやビーフステーキなどの肉4.5キログラムなど、大量の料理を食べ尽くす企画。大食いユーチューバーしのけんさんが餃子500個に挑戦。【大食い対決】初コラボ！大食いYouTuberしのけん襲来！餃子500個どちらが先に食べるか！？

みどころ

[食の追求]

餃子はもちろん、職人やレシピも紹介

食に生涯を捧げる職人さんや、餃子のおいしい調理方法はもちろん、スパイス料理専門店「T(タウ)」で提供されている大人気のラムキーマカレーを紹介。右・【衝撃89歳現役パン職人！】この道に生涯を捧げるスーパーおじいちゃんのパン作りに密着。左・【大阪スパイスカレー】1日10食限定！スパイスラムキーマカレー

社長と社員が「これでもか！」
の勢いで頑張る
点天の公式YouTubeチャンネル。

点天

https://www.hitokuchigyoza.jp/youtube/

[社長と社員]

パート社員と社長が本音をぶつけ合うなど、社長と社員がガチで向き合うシリーズ。忖度という言葉を知らない点天の社員たちが、日頃のうっぷんを晴らす。本音すぎる要望に社長はどう応えるのか？【パート物語 パートⅠ】点天を支えるパート社員が本音を語る！

COLUMN 3 GYOZA HISTORY

「♪ギョーザがお好きでしょ もう少したべましょ」

作並太郎

1955年生まれ。宮城県仙台市出身。宮城大学大学院食産業学研究科修士修了。雑誌編集者およびライターとして音楽や食の関係者のインタビューを行う。

そもそも、餃子という食べ物がウマいのであります。町中華の熱々の焼餃子も専門店も、名店の通販モノもウマい。1947（昭和22）年に東京・渋谷に引き揚げ者マーケットが誕生し、ここに餃子屋ができている。「有楽」というバラック建ての小さな店があり、餃子以外に豚の爪だの、ニンニクたくさんの煮物などが出て、戦後中国にいた日本人と中国人の夫婦がはじめていた。「餃子で一杯やっか！」のおじさん時代のはじまりです。

私がはじめて食べた餃子も、中国（満洲）から引き揚げた母方の長兄の奥さん、フミコおばちゃんの手づくり焼餃子であった。5歳のときで、鮮明に覚えているのは、肉汁ジュー、焦げ目香ばしく、ごはんに合って衝撃的なウマさだったからである。

60年代以降、雑誌「主婦の友」などがつくり方のレシピをのせ、休日のお父さんの自慢料理にもなり、子どもたちは皮に具材を包む手伝いをし、とにかくたくさん食べられるのが嬉しく、家庭料理の定番になっていきます。

冷凍餃子の誕生

72（昭和47）年、冷凍の「味の素ギョーザ」が発売さ

点天

餃子ヒストリー

餃子にまつわる雑誌ばかりではなく、餃子をテーマにした小説、漫画なども発行され、餃子ブームがよくわかる。

れ、同時期に加ト吉の冷凍エビフライなども発売され、お弁当に冷凍食品のおかずが並ぶようになり、また、一人暮らしの独身男性に重宝がられ、外でも餃子、家でも簡単餃子となる。

もはや中国引き揚げのイメージは薄れ、80年代から90年代は、専門店が若者に広がり、93（平成5）年、宇都宮市が餃子で町おこしをはじめ、浜松市や津市、宮崎市などが続き、このころから餃子のニュースが賑やかです。

そしてヘルシーな食材と相性のいい餃子は、「ワインと餃子」「餃子で女子会」など、女性が餃子を食べる機会が増え、総務省は毎年の家計調査で、「餃子」の購入頻度、支出金額を都道府県別に発表。21年の年間1位は宮崎市。今や24時間営業の「餃子無人販売所」なる冷凍餃子を販売するところも増えている。餃子はときどき無性に食べたくなり、町中華で一人、まずはビールで一皿頼み、チャーハンにするか、白いごはんか、はたまたラーメンか、中華丼はどうかなどと、悩ましいのでございます。

\ 新商品も加わった！ /

点天ひとくち餃子 商品紹介

https://www.hitokuchigyoza.jp/products/

ひとくち
餃子

ピリッとカリッと香ばしい
創業以来変わらぬおいしさ。

ひとくち餃子〈45個入〉
（タレ3袋入）￥2,130（税込）

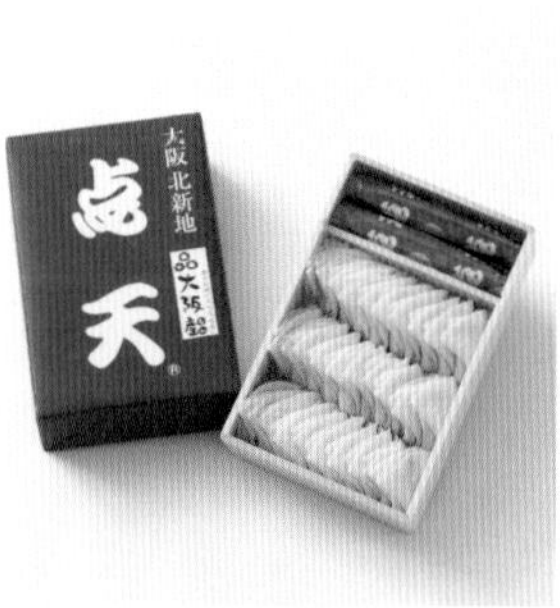

ひとくち餃子〈30個入〉
（タレ2袋入）￥1,429（税込）

追加のタレ・ラー油
（1袋）￥20（税込）

餃子
キット

新味デビュー。
おうちで包む楽しさを!

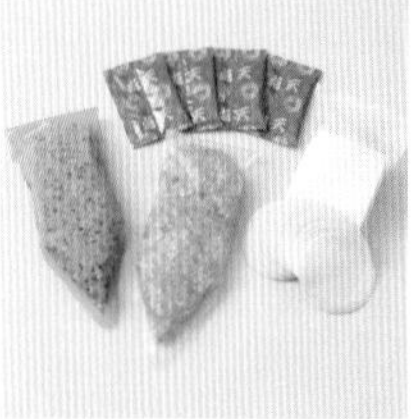

おうち餃子キット
「大阪バリうま餃子
2種食比べ」
タレ付￥2,376（税込）

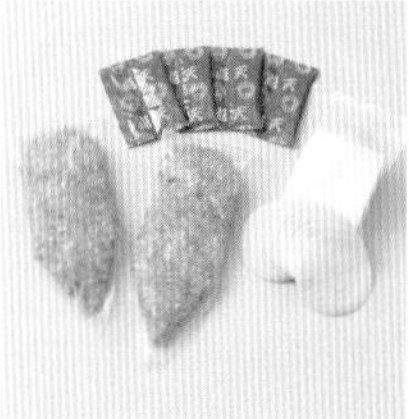

おうち餃子キット
「大阪バリうま餃子
あっさり旨み鶏」
タレ付￥2,376（税込）

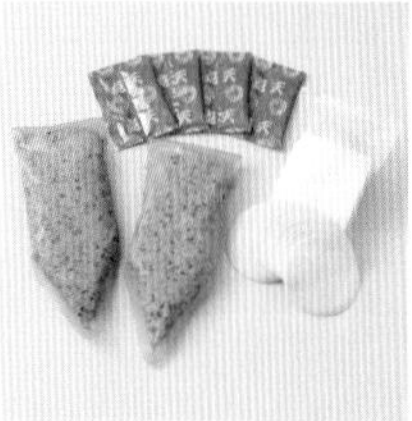

おうち餃子キット
「大阪バリうま餃子
コク豚」
タレ付￥2,376（税込）

期間限定
商品

四季に合わせて旬の餃子を販売しています。期間限定品です。

春

しそ餃子

口いっぱいに広がる、さっぱりした風味。全粒粉の皮がしその香りを引き立てます。〈30個入〉(タレ2袋入)
¥1,429(税込)

夏

山椒餃子

山椒の爽やかな香りと、ピリピリ痺れる辛味を包んだ夏限定のひとくち餃子。〈30個入〉(タレ2袋入)
¥1,429(税込)

秋

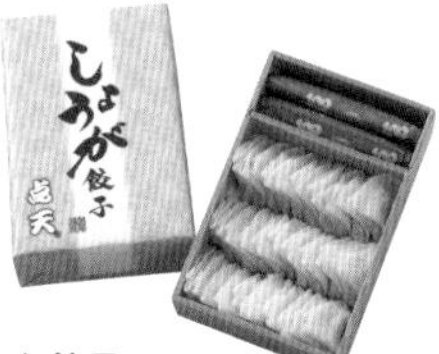

しょうが 餃子

キリッとしたしょうがの風味が豚肉の旨みや白菜の甘みとマッチ。鍋に入れてもおいしい。〈30個入〉(タレ2袋入)¥1,429(税込)

冬

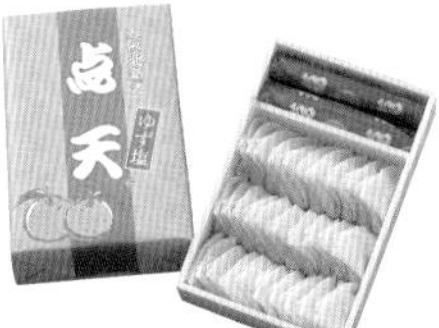

ゆず塩餃子

味の決め手はゆず胡椒の風味とオリジナルの塩ダレ。塩ダレは旨みと塩味が絶妙なバランス。〈30個入〉(タレ2袋入)¥1,429(税込)

大阪胡椒餅(こしょうもち)

期間限定催事で大人気だった台湾のソウルフード、胡椒餅。日本人好みにアレンジしてつくり上げました。〈2個入〉¥340(税込)

新作
登場!

もちもち食感餃子(冷凍)

ついに冷凍餃子を発売します! 試作を重ねてつくり上げた冷凍だから、おいしいひとくち餃子です。〈30個入〉¥950(税込)

TENTEN SHOP LIST

全国の店舗情報

北海道

直 **大丸札幌店**
地下1F 食料品売場
〒060-0005 札幌市中央区北５条西4-7
TEL 011-828-1177

東京

委 **西武 池袋本店**
本館地下1F 味小路コーナー
〒171-8569 豊島区南池袋1-28-1
(毎週月・水・金・土曜日に販売)

直 **伊勢丹 新宿店**
地下1F 食料品売場
〒160-0022 新宿区新宿3-14-1
TEL 03-3354-0250

委 **西武 渋谷店**
A館地下1F 惣菜コーナー
〒150-8330 渋谷区宇田川町21-1
(毎週火・木・日曜日に販売)

委 **日本橋三越本店**
本館地下1F 味匠庵コーナー
〒103-8001 中央区日本橋室町1-4-1
(毎週水曜日に販売)

委 **東急百貨店 吉祥寺店**
地下1F 東急フードショー
〒180-8519 武蔵野市吉祥寺本町2-3-1
(毎週木・金・土曜日に販売)

委 **新宿タカシマヤ**
地下1F味百選コーナー
〒151-8580 渋谷区千駄ヶ谷5-24-2
(毎週金・土・日曜日に販売)

直 **玉川髙島屋S・C**
玉川髙島屋ショッピングセンター
地下1F
〒158-0094 世田谷区玉川3-17-1
TEL 03-3709-0668

神奈川

直 **髙島屋 横浜店**
地下1F 食料品売場
〒220-8601 横浜市西区南幸1-6-31
TEL 045-317-5012

岐阜

委 **岐阜タカシマヤ**
地下1F味百選・グローサリーコーナー
〒500-8525 岐阜市日ノ出町2-25
(毎週土曜日 12時から販売)

直 直営店舗　委 委託販売

Check it!

駅ナカで出来立てのひとくち餃子が楽しめる

点天バル 【バール】

定番のひとくち餃子だけでなく、エキマルシェ新大阪限定のアレンジ餃子も出来立てでお楽しみいただけます。テイクアウトもご利用いただけます。

JR新大阪駅在来線改札内 エキマルシェ新大阪
営業時間 9:00～22:00
(ラストオーダー21:30)
TEL 06-6309-1001

愛 知

名鉄百貨店 一宮店
地下1F グロッサリーコーナー
〒491-8585 一宮市新生1-1-1
(毎週金・土曜日に販売)

ジェイアール 名古屋タカシマヤ
地下2F 味百選コーナー
〒450-6001 名古屋市中村区名駅1-1-4
(毎日販売)

星ヶ丘三越
地下1F グローサリーコーナー
〒464-8661 名古屋市千種区星が丘元町14-14
(毎日販売)

名古屋三越 栄店
地下1F グローサリーコーナー
〒460-8669 名古屋市中区栄3-5-1
(毎日販売)

松坂屋 名古屋店
地下1F 食料品売場
〒460-8430 名古屋市中区栄3-16-1
TEL 052-264-2954

ジェイアール名古屋タカシマヤ フードメゾン岡崎店
イオンモール岡崎
東棟1F グローサリー売場
〒444-0840 岡崎市戸崎町外山38-5
(毎週土曜日に販売)

京 都

大丸京都店
地下1F 食料品売場
〒600-8511 京都市下京区四条通高倉西入ル立売西町79
TEL 075-254-7660

JR京都駅
【新幹線改札内グランドキヨスク京都】
〒600-8216 京都市下京区東塩小路釜殿町

JR京都駅
【おみやげ街道JR京都西口店】
〒600-8216 京都市下京区東塩小路釜殿町

近鉄京都駅
【GOTO-CHI京都店】
〒600-8216 京都市下京区東塩小路釜殿町

大 阪

京阪百貨店 守口店（委）
地下1F 美味衆合コーナー
〒570-8558 守口市河原町8-3
(毎週金曜日に販売)

阪神梅田本店（直）
地下1F 食料品売場
〒530-0001 大阪市北区梅田1-13-13
TEL 06-6345-5126

髙島屋 大阪店（直）
地下1F 食料品売場
〒542-8510 大阪市中央区難波5-1-5
TEL 06-6631-0304

髙島屋 堺店（委）
2F 味百選コーナー
〒590-0028 堺市堺区三国ヶ丘御幸通59
(毎週火・金曜日に販売)

高槻阪急（委）
地下1F グロッサリーコーナー
〒569-1196 高槻市白梅町4-1
(毎週金・土・日曜日に販売)

大丸心斎橋店（委）
地下2F「結」コーナー
〒542-8501 大阪市中央区心斎橋筋1-7-1
(毎日販売)

大丸梅田店（委）
地下2F グローサリー・日配品コーナー
〒530-8202 大阪市北区梅田3-1-1
(毎日販売)

京阪百貨店 モール京橋店（委）
地下1F 美味衆合コーナー
〒534-0024 大阪市都島区東野田町2-1-38
(毎週金・土曜日に販売)

あべのハルカス近鉄本店（直）
ウィング館B2
〒545-8545 大阪市阿倍野区阿倍野筋1-1-43
TEL 06-6627-1200

髙島屋 泉北店（委）
1F 味百選コーナー
〒590-0115 堺市南区茶山台1-3-1
(毎週火・金・日曜日に販売)

松坂屋高槻店（委）
地下1F グローサリーコーナー
〒569-8522 高槻市紺屋町2-1
(毎週金・土・日曜日に販売)

ＪＲ新大阪駅内

アントレマルシェ エキマルシェ新大阪店（委）
3F在来線改札内

アントレマルシェ 新大阪中央口店（委）
3F新幹線改札前

東海キヨスク ギフトキヨスク新大阪（委）
新幹線改札内

おみやげ街道アルデ新大阪店（委）
2F

セブン-イレブンハートイン JR新大阪駅南口店（委）
3F新幹線改札前

東海キヨスク GRAND KIOSK新大阪（委）
新幹線改札内

点天バル エキマルシェ新大阪（飲）
3F在来線改札内

直 直営店舗　委 委託販売　飲 飲食店

JR大阪駅内

アントレマルシェ 大阪
中央口改札前

セブン-イレブンハートイン JR大阪駅連絡橋口内店
連絡橋口改札内

セブン-イレブンハートイン JR大阪駅11番のりば
11番のりば

セブン-イレブンハートイン JR大阪駅桜橋口内店
桜橋口改札内

セブン-イレブンハートイン JR大阪駅御堂筋南口店
御堂筋南口

その他駅

大阪難波駅 GOTO-CHI難波店
〒542-0076 大阪市中央区難波4-1-17

JR天王寺駅 アントレマルシェ 天王寺
〒543-0055 大阪市天王寺区悲田院町10-45

大阪国際空港（伊丹空港）

関西旅日記
2F セキュリティチェック前

ITAMI Marché BLUE SKY
北ターミナル2F　セキュリティチェック後

兵庫

宝塚北サービスエリア
〒669-1231 宝塚市玉瀬奥之焼1-125

JR新神戸駅 【アントレマルシェ新神戸】
〒650-0001 神戸市中央区加納町1-3-1

大丸神戸店
地下1F 日配品コーナー
〒650-0037 神戸市中央区明石町40
（毎日販売）

三木サービスエリア
（山陽自動車道下り線）
〒673-0402 三木市加佐1142
（毎日販売）

あまがさき阪神
1F 阪神デイリーマート内
〒661-0976 尼崎市潮江1-3-1
（毎日販売）

JR三ノ宮駅 【アントレマルシェ三ノ宮】
〒650-0097 神戸市中央区布引町4-1-1

西宮阪急
1F阪急デイリーマート
地産特産日本の味コーナー
〒663-8204 西宮市高松町14-1
（毎週火曜日に販売）

■ 全国の高級スーパーマーケットでの販売も開始しました。
詳しくはホームページ https://www.hitokuchigyoza.jp/shop/ をご覧ください。

■ 公式の通販サイトでもお買い求めいただけます。
https://www.hitokuchigyoza.jp/

点天の歩み

沿革

1977年（昭和52年）	4月	● 大阪・北新地にて創業
1987年（昭和62年）	11月	● 大阪市此花区千鳥橋に工場および事務所開設
1988年（昭和63年）	1月	● 大阪・松坂屋に出店（※2004年5月閉店）
1990年（平成2年）	7月	● 法人設立（資本金300万円）
1991年（平成3年）	11月	● 大阪市此花区酉島に本社・工場を建設し移転、全国ネットで宅配業務開始
1993年（平成5年）	2月	● 資本金を1,000万円に増資
	7月	● 大阪・阪神百貨店 梅田本店に出店
1995年（平成7年）	5月	● 毎日放送・朝日放送ラジオ番組提供開始
	7月	● 大阪商工会議所 加盟
	9月	●（株）ジェイアール西日本デイリーサービスネットにて委託販売開始
1996年（平成8年）	6月	● 大阪・工場増改築
	8月	● 東京・伊勢丹 新宿店に出店
	9月	● アステ川西に出店（※2001年8月契約満了につき閉店）
1997年（平成9年）	12月	● 資本金を3,000万円に増資
1998年（平成10年）	7月	● 品質の安定化を図り、（有）ぎょうざ工房点天を設立
	10月	● NHKテレビ「やんちゃくれ」に製作協力、テレビCM番組提供開始
1999年（平成11年）	4月	● 広島・福屋 広島駅前店に出店（※2014年3月閉店）
	6月	● 本社工場増改築
	8月	● 東京営業所・品川配送センターを開設
	10月	● 名古屋・松坂屋 名古屋店に出店
		● 東京・麻布十番店を開店（※2014年4月閉店）
2000年（平成12年）	10月	● 名古屋・松坂屋 名古屋駅前店に出店（※2010年8月閉店）
2001年（平成13年）	1月	● 東京・伊勢丹 立川店に出店（※2014年3月閉店）
	4月	● 本社ISO9002認証取得
	10月	● 熊本・鶴屋百貨店に出店（※2014年3月閉店）
2002年（平成14年）	4月	● 横浜・髙島屋 横浜店に出店
		● 大阪・髙島屋 大阪店に出店（日本の味コーナーから実演販売へ）
	11月	● 本社を此花区島屋テクノパークに移転
2003年（平成15年）	3月	● 札幌・大丸 札幌店に出店
	6月	● 大阪・近鉄百貨店 阿倍野店に出店
	9月	● ISO9001認証取得（1994年度版より2000年度版に切り替え）
	10月	● 京都・大丸 京都店に出店
2004年（平成16年）	3月	● 福岡・岩田屋 本店に出店（※2014年2月閉店）

2005年（平成17年）	2月	● 社団法人 大阪外食産業協会 加盟
	4月	● 品川配送センターを五反田に移設、品川営業部として開設
		● 東京・池田山店（直営販売店）を開店 （※2015年9月東京工場移転に伴い閉店）
	5月	● 「'05食博覧会・大阪」に初参加
	9月	● 大阪・北浜に「点天 北浜創久」（直営飲食販売店）を開店 （※2008年10月閉店）
	11月	● 東海キヨスク株式会社にて委託販売開始
2006年（平成18年）	3月	● 東京・玉川髙島屋S・Cに出店
	5月	● 関西国際空港産業株式会社（伊丹空港）にて委託販売開始
	9月	● 東京・大丸 東京店に出店（※2011年11月閉店）
	10月	● 神戸・さんのみや・阪神食品館に出店（※2009年8月閉店）
	11月	● 大阪・法善寺横丁に出店（飲食販売店）（※2010年8月閉店）
2007年（平成19年）	3月	● プライバシーマーク付与認定取得
	7月	● 兵庫県・須磨海岸・海の家を出店
2008年（平成20年）	9月	● 名古屋工場開設
2009年（平成21年）	1月	● 広島・福屋 八丁堀本店に出店（※2014年3月閉店）
	5月	● 「'09食博覧会・大阪」に参加
	8月	● 大阪・北新地店を閉店
	9月	● イベントカー（点天car）新造
2012年（平成24年）	2月	● ジェイアール名古屋タカシマヤに出店（※2015年7月閉店）
2013年（平成25年）	5月	● 「'13食博覧会・大阪」に参加
	6月	● 楽天市場（通販）に出店
2014年（平成26年）	5月	● （株）点天に（有）ぎょうざ工房点天が吸収合併し、第一工場に改名
	9月	● 大丸 心斎橋店に出店（※2018年5月閉店）
2015年（平成27年）	9月	● 東京・品川区の品川営業部を東京・大田区に東京工場として移設
2017年（平成29年）	4月	● 「'17食博覧会・大阪」に参加
2018年（平成30年）	3月	● 宝塚SAに委託販売開始
	6月	● JR新大阪 3階在来線改札内「点天バル エキマルシェ新大阪」として出店
2019年（令和元年）	6月	● Amazon（通販）に出店
2020年（令和2年）	10月	● Yahoo！ショッピング（通販）に出店
	12月	● 三木SAにて委託販売開始
2021年（令和3年）	7月	● 北区大淀南にスパイスダイニング＆カフェ「TAU・タウ」オープン
2022年（令和4年）	1月	● 阪神百貨店 梅田本店の地下1階に「大阪胡椒餅」出店

あとがきにかえて

私どもが、このような記念誌をつくろうとしたきっかけは、コロナ禍のなかで、「今だからこそ、会社・点天の足場を整えよう」という思いからです。

そのためには、なにが大切かと考えると、それはやはり、人と人とのつながり、コミュニケーションでした。この45年のなかで弊社が少しずつ大きくなっていく背景に、人と人の出会いに恵まれたことがあります。やはり、奇跡を呼ぶのもコミュニケーション。

そこで、こんなことを考えました。

もしも、点天という会社が45歳になったひとりの人間だとしたら……。

全国のお客さま、日ごろお世話になっている関係者の方々、大阪のスタッフや新人、すべての社員に「自分をもっとわかってもらうためには、どんなことから話したらいいだろうか」ということです。

それをワイドにまとめたものが、この記念誌なのです。タイトルは「誰も知らなかった『ひとくち餃子』点天の点と天」にしました。

点天を知らない方々にも、読んでいただければ幸いです。

制作は、昨年の11月からスタートしました。さまざまな企画を考え、創業当時を知る方々にインタビューを行い、また、全国の料理のプロたちに、ひとくち餃子でアレンジ料理を考えていただきました。この場を借りて、厚く御礼を申し上げます。

携わってくださった、イラストレーター、カメラマン、ヘアメイクアップアーティスト、フードコーディネーター、コラムニストの皆さま、また、編集、デザイナーの皆さま、ありがとうございました。

2022年5月　少し元気を取り戻した大阪で

今野啓介

参考文献
『国民食の履歴書 カレー、
マヨネーズ、ソース、餃子、
肉じゃが』(魚柄仁之助著
青弓社2020年1月)

写真
堀 清英　〈P082, 087, 092〉
大腰和則　〈P068-069, 100-105〉
桑村ヒロシ〈P050-051〉
清水朝子　〈P024, 060, 080〉

ヘア&メイク
古久保英人(Otie)

イラストレーション
江夏潤一　〈表紙, P003, 005, 008, 036, 044, 121, 裏表紙〉
ヨツモトユキ〈P010-023〉

フードコーディネイト
竹原由紀〈P024, 060, 080〉

編集
山下 保　橋本幸恵、松木直也(豆豆社)
高橋 環(kukui books)

アートディレクション&デザイン
西部亜由美　北田絵夢

プロデュース
松木直也

協力
今野啓一、秋山敏章、江川直子(点天)

スーパーバイザー
今野啓介(点天)

TEN
TEN

誰も知らなかった
「ひとくち餃子」
点天の点と天

2022年6月25日 初版第1刷発行

［著　者］株式会社　点天
［発行者］松木直也（株式会社 豆豆社）
［発売社］株式会社 kukui books
東京都豊島区駒込1-9-8-402
TEL&FAX 03-6322-1557
https://kukuibooks.com
［印刷・製本］シナノ書籍印刷株式会社

ISBN 978-4-909368-02-7 C0077